大教育书系

和教师的谈话

（升级版）

〔苏〕列·符·赞科夫 著
管海霞 译

长江出版传媒
长江文艺出版社

图书在版编目（CIP）数据

和教师的谈话：升级版 /（苏）列·符·赞科夫著；
管海霞译. -- 武汉：长江文艺出版社，2021.6
（大教育书系）
ISBN 978-7-5702-1048-0

Ⅰ. ①和… Ⅱ. ①列… ②管… Ⅲ. ①中小学－教学研究 Ⅳ. ①G632.0

中国版本图书馆 CIP 数据核字(2019)第 092517 号

和教师的谈话
HE JIAOSHI DE TANHUA

责任编辑：马 蓓　　　　　　　　　责任校对：毛 娟
封面设计：白砚川　　　　　　　　　责任印制：邱 莉　胡丽平

出版：长江出版传媒　长江文艺出版社
地址：武汉市雄楚大街268号　　　邮编：430070
发行：长江文艺出版社
http://www.cjlap.com
印刷：武汉中科兴业印务有限公司

开本：720 毫米×970 毫米　　1/16　　印张：13　　插页：1 页
版次：2021 年 6 月第 1 版　　2021 年 6 月第 1 次印刷
字数：161 千字

定价：34.00 元

版权所有，盗版必究（举报电话：027—87679308　87679310）
（图书出现印装问题，本社负责调换）

用大众立场看大家作品

——"大教育书系"序言

教育是世界上最特别最奇妙最千变万化的事情。

世界上任何变化，政治的、经济的、社会的、科技的……桩桩件件，都会发生蝴蝶效应，都会对教育产生这样那样的影响。所以，教育总在变化着。比如，计算机的出现，网络教学的流行，未来的课堂教学模式将发生根本的变革。当粉笔距离我们的讲台渐行渐远，未来的纸质书籍的阅读是否也会逐步让位于电子书籍？甚至，翻译机器可以完成基本的交流沟通时，语言教学是否也可能变得不再重要？这些已经发生的、即将发生的、可能发生的改变，让我们的明天变得不可预知。

同时，教育也是最坚韧最牢固最不会变化的事情。

万物改变迅捷，人性进化缓慢，教育因此万变不离其宗。所以，古今中外，人同此心，心同此理，人的身心发展的特点，人的学习与成长的过程，有着普遍规律可循。所以，无论我们读两千多年前的《论语》《学记》，还是读近百年来的杜威、苏霍姆林斯基，总觉得是那么亲切，离我们今天的教育是那么近。所以，我们只需稍稍去芜取精，就能将其中的绝大部分原理再度运用于教育教学实践，就会发现这些原理依然生命常青。也正是这个原因，百年来中外教育家的杰出著作，仍然活在当下，仍然对我们的教育具有重要的作用。

长江文艺出版社的这套"大教育书系",正是围绕后者而努力。

最初看到"大教育书系"的选题策划,是在年初的湖北长江出版集团的选题论证会上。坦率地说,当时的感觉不是很好。认为主题不够突出,选择人物看不出逻辑,选择标准不够清晰,而且大部分书是重新出版。

后来长江文艺出版社总编尹志勇来信告诉我,其实,"大教育书系"有自己的主题和逻辑。之所以命名为"大教育",首先是选择教育家的范围之大。书系将遴选从近代到当代的中外教育名家的代表性著作或新作,梳理中外现代教育的发展轨迹,并展示近一个世纪以来的教育所取得的成果。其次是读者群体之大。书系针对不同的读者群,主要有三个方向:一是针对中小学老师的教师培训,阐述现代教育理念,解决教育实践中面临的具体问题,培养优秀教师。二是针对父母的家庭教育,用现代的教育观念和手段影响父母,使父母成为教育体系中的重要且有效的环节,最终培育青少年健康成长与全面发展。三是针对中小学生以及学前儿童的学生教育,帮助学生提高学习效率,学会交往合作,学做现代公民。一句话,是用大众立场看大家作品。

至于选择的标准,他们提出了三条原则:一是作者具有足够影响力。所选作者应该是国内外被公认的教育名家,产生过广泛而深远的影响。比如陶行知、陈鹤琴、蒙台梭利等。二是突出实践性。所选作品能够深入浅出,具有可操作性,在作品风格方面,力求通俗化、大众化,做到理论与实践的有机统一。三是强调创新性。在遴选经典的同时,也推出当代在教育理论或实践方面有一定建树、观点新锐、富有探索精神且得到公众认可的作品。

所以,虽然我在作这序之时,尚无法看到书系的全貌,也无法估计书系的最终体量,但是能够感觉到出版方用心良苦,感觉到他们的宏大愿景。大浪淘沙,那些真正能够不断被人们捧起的书籍,总是有其强大的生命力的,总能冲破时间与空间的束缚到达我们的手中,抵达我们的心中。倘若教师、父母、孩子三方真正缔结为教育的同盟军，那时教育势必突破困局，得以成长壮大，成为现实生活中的真正大教育了。祝贺大教育书系诞生，更期盼现实大教育的来临。

　　是为序。

朱永新

作者序

初级教育过渡到三年制以及新教学大纲的采用,为国民教育的发展开辟了广阔的前景。与此同时,这一意义重大的事件也给广大教师和教育事业带来了艰巨的任务。要按照新教学大纲顺利进行工作,就必须采用与之相应的教学法。这一点上,教师们的创造性探索起着重大作用。

《谈话》一书里阐述了低年级教学中的一系列基本问题,将小学教学的各种不同教学论观点、教学方法和方式进行了对比,分析了它们的特点和效果。在此,我们希望此举将有助于教师们批判性地思考自己的实践经验,厘清教学法的问题,并沿着正确的道路前进。

在讨论过程中,我们采用了俄语、数学等科的课堂教学中的大量材料。但是,这并不是对小学教学问题完整全面的阐述,也不是对教学论和教学法指导书的重复。

本书采用谈话形式写成,参加谈话的有教育学教授、学校领导和教师,其中既有加入教育事业不久的年轻教师,也有经验丰富的老教师。所有这些人,作为国民教育系统的工作者来说,他们都有着共同的立场,但同时在某些具体教学问题上又持有不同观点。在此基础上,大家展开讨论,各抒己见。

作者曾有幸和教师们并肩进行了多年的实验工作。苏联教育科学院普通教育学研究所教学与发展问题实验室在进行实验的过程中,发现和检验过的有关小学教学的新的教学方法,也在《谈话》一书中有所体现。将实验和教师们的创新经验结合起来，这使得我们有可能对一系列极为重要的实际问题进行科学分析，同时也可以用教师们在创造性的工作中取得的教学法成就，来丰富学术上的探索。作者在各种讨论会和代表会上，在听课和分析的过程中，经常和教师们接触，这使我有机会挑选出一些亟待探讨的问题，来作为本书的主要内容。

科学地拟定一套教学法，使之能够完全符合新教学大纲的教学思想，实验室对此特别重视。实验还在继续，我们任重而道远。

列·符·赞科夫

目 录 | CONTENTS

第一章　课堂生活 / 001

第二章　教师和学生 / 018

第三章　学习的动机 / 031

第四章　认知周围世界 / 040

第五章　知识的广度和掌握程度 / 057

第六章　劳动教学 / 070

第七章　在美的世界里 / 083

第八章　教学与发展 / 110

第九章　教学大纲和教学方法 / 135

第十章　掌握知识与学生的发展 / 161

第十一章　教师的劳动及其创造性 / 177

参考文献 / 191

第一章 课堂生活

在我们的第一次谈话里，我建议谈谈课堂教学。

这个问题能够作为一次严肃谈话的主题吗？课的结构、类型以及备课和授课的问题，在教育学教科书、教学论书籍、论文和许许多多的文章里都已阐述清楚了。至于不同学科的课，那是由不同学科的特点所决定的。

当然，我们不打算重复那些人尽皆知的真理：比如，每一节课都应该有明确的任务，上课时不仅要教书，还要育人，教师在课堂上要起主导作用，等等。我们谈话的意义不在于此。我们来谈谈小学课堂教学方面一些不大为人们注意的或者完全没有探讨过的问题。

这样比较好。

近年来，我们亲眼见证了课的结构发生了重大改变。就以所谓的"综合课"为例。大家都很熟悉综合课的结构：用提问的方式来复习旧课；提出新问题（新课题）；检查学生对已学材料的理解和掌握程度；布置任务以巩固知识、训练技能技巧。而里别茨克地区的教师们的经验显示：对我们刚刚所说的那种广泛流行的课的结构进行根本改变，并且收到了极其良好的效果。里别茨克地区的经验突破了习惯性教学论要求的框架，顺利地进行了新的尝试。完全可以设想：不仅仅是课的结构问题，其他许多问题也可以被提出来，并用新的方式解决。

我同意。可是我觉得，问题不应限于用新方式解决老问题。还可以提出一些在教育学上或者教学实践中尚未出现过的新问题。或许，正确解决这些过去从未思考过的问题，说不定可以找出改进课堂教学方法的路径？

完全有可能。要知道在科学研究上，在之前不为人们重视的领域里，往往会发生重大突破的。半导体的研究就是一个很好的例证。还在不久以前，半导体只是个别科学家在研究的东西，而现在最新的技术都已经离不开它了。

虽然课堂教学的问题，人们已经研究了几十年，但仍然值得重视。

当然，这两者并不互相排斥。可是，我们决不能忽视的一点是，有的问题乍看起来似乎早已明确，但是如果重新研究，有可能有新的发现。

我想，应当说明一下，什么叫作课堂生活。我们以这个作为话题来讨论是有一定道理的。

这个问题在某种意义上来说和教学联系生活相近。教学和生活的联系，是根据学校教育的具体阶段、学科的特点和其他因素等方面来实现的。

小学里没有生物、物理、化学和历史这些学科，所以，同以后的各个年级比较起来，实现教学与生活联系的可能性比较小。在一、二年级俄语（母语）和数学课上，以培养学生的技能和技巧为主要任务，这就限制了学生认识周围世界的可能性。

可是我们应当看到，在掌握这些技巧的过程中，是能够在一定程度上实现教学与生活的联系的。

关于这一点，人们描写的已经够多了，而且千篇一律。人们一次又一次地重复：在作文里描写儿童观察到的东西——这就是联系生活了；在学习语法时要举生活中的例句等，诸如此类。

这没错啊！这些确实都很重要。如果学校脱离了生活，它能提供什么样的教育呢？那样的教育不可避免地要走上死读书本的道路。

我并不反对在课堂上应当尽量充分地反映生活。我想强调的另一点，就是人们常常把同生活的联系理解得狭隘片面。例如，俄语教学的实践方向性，就被认为是小学教学与生活联系的最重要形式之一。在 H. C. 罗日杰斯特文斯基主编的《小学俄语教学法原理》一书中这样写道:"叙述和作文的练习,是教学与生活联系的最有效的方法之一。"(第 498 页)这条原理被多次重复提到。该书第 500 页上又写道:"要实现俄语教学与生活的联系,主要在于把知识运用到语言实践中去,并保持这种实践的现实性。"

关于学生应当掌握技巧并把知识运用于语言实践这一点,没有什么可争辩的。然而一遍又一遍地重复这一要求,并不能给我们带来任何新意,也无助于我们进一步理解什么是课堂生活。叙述和作文练习,把知识运用于语言实践,这是几十年前就有的了。而在今天这个时代,我们不能满足于此。与生活相比,这显得多么贫乏啊!如果学校不能满足儿童了解周围事物的渴望,那真是亏欠一笔无法偿还的债务啊!

您这是指什么?

首先,是指我们国家发生的重大事件。一座功率强大的电站新建成了;农民获得了前所未有的大丰收;当然,还有宇航英雄的事迹会强烈吸引着孩子们。

我指的是那些刚刚发生的,昨天或者前天才在我们眼前发生的事件。孩子们满怀着新鲜的印象来到学校。可是呢,在课堂上通常并不会谈论这些重大事件或者仅仅只是点到为止。而孩子们很想倾吐自己满腔的热情,并且希望对不懂的问题得到解答。

既然孩子们能从自己的家人那里,或者从广播、电视里听到或看到,那么课堂上又何必重复呢?

您忽略了一点,在课堂上和同学、老师交流,和在校外偶然听到的,并不一样。如果真正的、广阔的生活冲进教室的门,来到课堂上,教室的天地就广阔了。孩子们就能感觉到我们祖国巨大的前进步伐,就能滋生出爱国主义的情愫。

这种无拘无束的谈话对于班集体的凝聚,也有不可低估的意义。每一个孩子在听着同学们发言的时候,如同自己也体验着同样的感觉,共同的感觉也就有助于集体的团结。

当然，在课堂上首先要感受到我们祖国的脉搏的跳动。但是我觉得，对国外发生的事情置若罔闻也是不对的。儿童心里会产生不少疑问，要知道，他们在校外听到的那些话，一般来说是没有考虑到孩子的接受能力的，这里就有可能形成错误的观念。如果教师们以儿童能够接受的形式，简明扼要地加以讲解，那就不仅能形成正确的观念，而且有助于儿童认识周围世界。

这一切都很有必要，但做起来困难重重。首先，上课时哪有时间和儿童进行这样的谈话？其次，怎么和孩子们进行这样的谈话？

最大的困难是时间不够用。新的小学教学大纲扩充了教材范围，相应的也就需要更多的时间来学习和练习。

时间不够，这是一个很严重的问题。但是同时，这个问题不只涉及和儿童进行时事谈话这一个方面，所以我们以后在讨论小学教学工作的各个方面时，还要回到这个问题上来。需要先说明一点，课堂上有相当多的时间是被不合理地浪费了。

我完全同意这个观点。我听过不少小学的课，深深感觉到，如果加以努力，完全有可能做到节约时间。在我们以后的谈话里，很有必要讨论一下，怎样合理利用教学时间这个具体问题。

现在我想就上面提出的第二个问题，即怎样和儿童进行时事谈话这个问题，说几点想法。当然，受我们谈话的篇幅所限，不可能去讨论教学法的问题。重要的一点是，当教师解释他要说明的事件和谈话的时候，必须克服那种形式主义、官僚主义作风。如果班级里能够创造一种推心置腹地交流思想的氛围，孩子们就能把自己的各种印象和感受、怀疑和问题带到课堂上来，展开无拘无束的谈话，而教师加以引导并加入谈话中来，发表自己的意见，就可以收到预期的教育效果。

我们好像把阅读课忘记了，阅读课上有很多机会可以充分地反映生活，因而有很强的教育力量。

不是，并没有忘记。我们一开头谈的就是怎样向孩子们解释当前发生的重大事件的问题。而阅读课本里的那些课文，并不能完成这个任务。

您刚才谈到阅读课上有很多机会，这完全正确。但是，要把这些机会充分利用起来，首先需要严格地、正确地挑选课文。遗憾的是，在挑选课文上还有很多不当之处和误区。在接下来的谈话里，我们可能还要再谈到阅读的问题。现在需要讨论的是，某些小学阅读课文的思想性和艺术性水准不够，大大限制了学生的知识面。这些缺点严重削弱了阅读课的教育价值和认知价值，甚至起不到任何教育作用。

H. K. 克鲁普斯卡娅认为，阅读课本应当给儿童指出一个正确的方向，应当真实地反映现实："一本有正确方向的读物，如果它写得很有艺术性，那么它的作用就会增加一百倍。"①

还有一点不能忽视，就是阅读课文后面附的那些问题和练习题。它们的本意是用来反映我们国家的生活，但是多么乏味枯燥，多么形式主义啊！完全没有对儿童的心理特点给予应有的重视。

有几本关于整个小学教学阶段的俄语教学法指导书，需要加以批判地分析。例如，H. C. 罗日杰斯特文斯基主编的《小学俄语教学法原理》一书，就是试图解决俄语教学法的一些基本问题的（现在正在编写俄语和数学的新的教学参考书）。这本书在"讲读课的基本方法方式"一章里写道："文艺性课文的阅读课上，教师在讲解课文时应时时刻刻注重激发学生的创造性思维。"

这个说法，从一般性意义上指出了教学法的途径，虽然远没有把问题讲彻底，但是指出的方向还是正确的。

而这一章的作者主张怎样在课堂上具体实现这一方向呢？

请看！作者认为，文艺作品的讲读课有一套典型的结构，它是符合阅读

---

① 《教育文集》，莫斯科：教育出版社，1968年版，第606页。

和分析课文的逻辑的。讲课要经过以下几个阶段才能适应具体的教学任务：1. 前言、引言——这是讲读前的准备；2. 初读课文——让学生感知它的形象内容；3. 初读课文后的简短谈话；4. 分段阅读分析；5. 再读一遍课文——加深对课文的完整感知；6. 编写课文提纲；7. 复述课文；8. 总结性谈话——阐明作品的中心思想；9. 有感情地朗读课文、分角色朗读、改编成戏剧式朗读以及其他创造性作业。严格地遵守上述部分的安排顺序，才符合上课的步骤。

这种做法，和作者前面所说的"激发学生的创造性思维"怎么符合呢？

一点也不符合！同一篇课文要重复读上五遍！此外，编写提纲和复述课文，还要求学生能回想起课文来，采用这种教学法不可能激发出学生的创造性思维，只会扼杀。

您的话是否可以这样理解，就是说，要激发学生的创造性思维，教师就不应当用组织教学的方法进行干预？

不是！绝对不是这个意思！如果您这样理解，那就错了。干预有各种各样的方式。教师可以通过干预使学生思维活跃，为其指引正确的思考方向。而所谓的"组织性因素"（我用的是打引号的说法），却很可能把教师的良好愿望不知不觉中引导到正好相反的结果上去。请大家自己来判断：初读课文后进行分段阅读和分析，然后全文重读一遍，再有感情地朗读课文。不止于此，还要分角色进行朗读。

我不止一次地观察过，按照上面所说的方法进行教学，课堂上气氛非常枯燥无趣。即使教师竭力想活跃课堂气氛，向学生提出几个引起注意的问题，说几句有特色的话，却仍然没有什么作用。看得出来，孩子们的眼睛里刚露出一点儿火花来，可是刹那间就熄灭了。有时候，眼看着学生们就要"热情高涨"起来了，然而并没有用，因为按照教学法的规定，这时候要转到重复朗读课文的阶段了。

您的话正中要害。这些现象触及了怎样上课这一问题的一个新方面：儿童在课堂上的生活。当谈到教学与生活的联系时，应该提醒一点：不要忘记学生本身的生活。

这里所说的学生的生活，只是指学生的生活经验。

学生的生活经验及其个人实践，当然和他们在课堂上的生活有一些关系。但是，单单联系学生的生活经验是远远不够的。假如说，一个教师在向学生传授知识时，能够依靠他们的生活经验，而上课时还是采用平常的形式：教师讲述；提问题检查知识掌握情况；重复讲解学生没有弄懂的问题；等等。这样就可以说儿童在课堂上有充实的生活了吗？

我觉得，在谈论儿童的生活时，应当分析一下什么叫生活。生活就是人的（也包括一切有机体的）生理存在。也就是说，人在呼吸，心脏在跳动，消化器官在工作，感官在活动，等等。从这个意义上来说，任何一节课，不管课是怎么上的，学生都在生活。但是，还应该从精神生活——人的思想、感觉、意愿的层次上来理解生活。精神生活可以是积极的、丰富的、多彩的，也可能是贫乏的、萎靡的、单调的。

如果用这个来衡量我们今天谈话里所说的阅读课，该怎样来评价它呢？

我认为，最好把讲读课的教学法继续分析到底，才能对它做出比较有把握的评价。

这里就出现一系列合情合理的疑问。真的，为什么一定要先经过六个阶段，包括列提纲和复述课文，才开始阐明作品的中心思想呢？为什么加深对课文的完整理解，一定要和阐明中心思想分开进行呢？为什么对整篇课文的有感情朗读一定要放在最后呢？有感情地朗读是和阐明课文内容、分析语言表达无法分割的！起初我还觉得这种教学法很严谨、有逻辑性，现在也开始怀疑它的优点究竟在哪里。

是的！即便像您这样忠诚地维护传统教学法的人也开始质疑。这说明，我们的谈话是有益的。这不仅是因为产生了质疑，更是因为对这些疑问进行深入思考，将有助于我们找到解决问题的正确方法。

您提到了传统教学法,而"传统教学法"到底是什么呢?

这就是我们沿用了几十年而没有经过重大改革的那一套小学教学法(包括提供教师使用的教科书和教学参考书)。

前面提到的那一章节的作者说,在讲读课文进行到第四阶段时,要"对课文的形象内容进行细致的、深入的思考和分析",这难道也不对吗?

当然,这没有什么不对的。这样的分析是有必要的。但是,一开始就把一篇课文拆分成许多部分,直到第六阶段,即列提纲时,按作者的话说,才来分析作品各部分之间的联系,这样的方法是否合理呢?其实,列提纲反而把课文的每一个部分当成独立的单位孤立起来了。

最好能举一个例子来说明 Н. С. 罗日杰斯特文斯基主编的书里,有哪些教学法是有争议的。

那么我们就以 Г. 斯克列比茨基的《一棵受伤的树》为例吧。

一棵受伤的树

春天来了。经过漫长的冬眠,树林苏醒了。这时候,每一棵树都活跃起来。在地下深处,树根已经在吸取解冻的土壤的水分。

春天的汁液沿着树干,源源不断地滋润着树的叶芽,它们长得鼓鼓的,好像随时就会绽开,吐出新叶来。

记得有一天,我在树林里散步。忽然听到远处传来伐木的声音。

"奇怪,"我想,"这里明明是禁止砍伐的啊。"我加快脚步朝那声音走去。可是,那声音很快停止了。我来到树林边,却一个人也没看到。

我停下脚步四处张望,看到路边有一棵枝条繁密的老白桦树。老远就能看到,在它的树干上有新砍伐的斧头印。

我走到树跟前,仔细看那道砍伐的痕迹。透明的白桦树汁液已经填满了伤口,一缕缕沿着树干流了下来。往上看,那繁密的树枝上,长满了淡紫色的叶芽。"它们已经无法绽开了,"我想,"那本来可以滋养它们的汁液,现在白白地流到地上去了。这棵树就要慢慢枯萎,甚至死掉。要长成这一棵树,至少得要四五十年的时间。可是,有人为了喝那两三口略带甜味的汁液,竟然做了这样的坏事。"

这样摧残树木的事绝不是偶然现象。

每年春天,都有几千棵白桦树死在刀斧之下。而且要知道,不仅仅是树死掉这么简单,枯树还有可能会引发虫灾、火灾等险情。

如果按照 H. C. 罗日杰斯特文斯基主编的《小学俄语教学法原理》一书中提供的教学法来讲授这篇课文,学生就得先经过很多阶段,然后才能接触到文章的中心思想。按照他们的建议,先要进行一个引言式的谈话,然后叫学生读三遍课文,再列提纲,复述课文,最后才来阐明课文的中心思想。

通过这个例子我们可以很清晰地看到,反复读一篇课文,然后分成段落,再按原文段落顺序去分段理解,然后再联系起来,这并不能达到我们预期的阅读效果。如果预先规定好:什么东西,按什么顺序应当成为儿童内心注意和感受的对象,又怎么可能激发儿童活跃的思维,唤起他们真挚的、内心深处的感觉呢?

那还有什么别的方法来讲解课文呢?请以《一棵受伤的树》为例加以说明吧。

好的!我以前在二年级的课堂上,听过教师讲解斯克列比茨基的这篇文章。女教师先把这篇文章朗读了一遍(她读得非常有感情),孩子们听后静静地在思考。教师没有去打破这种沉寂……可是这时候,有同学举起手来,接着是第二个,第三个……学生们谈论的是什么呢?他们不是从头到尾把课文复述一遍,或者提出一些问题。他们立刻议论开了:多可惜啊,那棵白桦树活不了了,一定会枯死的……还有个学生说,漫长的冬季之后,白桦树可以复活的,又会长出满树的嫩绿叶子来。别的同学接着说:这些嫩叶再也长不大了……在绿色的树林里,有棵白桦树多好啊!它本可以好好活着,给人们带来喜悦……有一个孩子把被砍的白桦树比喻成一个受重伤的人。一个小姑娘激动地说，她爷爷住在城外，在屋旁种了一棵小白桦树，常常给它浇水、照顾它……孩子们开始对砍伤这么好的白桦树、破坏森林的人的行为感到愤慨。

如果你们能亲眼看到孩子们在课堂上的表现就好了！他们时而哀伤，时而愤怒，时而又变得温柔。真是感情丰富，变化不定。

我惊讶的是，他们竟然把白桦树比喻成身受重伤的人。孩子们多么精准地感知到作者想要表达的意思！作者给文章起的标题就是"一棵受伤的树"，而不是其他，这绝不是偶然。"受伤的"一词能让人感到粗暴的手在摧残一个有活力的生命……

您关于这节课的叙述让我很感动，我体会到这里有一种真实的、深刻的教育真理。可是，在阅读课上，学生们不仅应该理解和感受课文，还应该学习阅读技巧，理解词汇，分析艺术形象。

这是当然的！但是，艺术作品首先要唤起学生的思想感情，其余的都是自然的结果。孩子们可以一边谈论一边选读课文——或者出于自己的需求，或者由教师指定。学生们懂得了白桦树一定会枯死，他们就会找到课文里的相关段落。这种情况下，词语就有了真正的含义，它们好像和学生们的思想和感情融为一体："透明的白桦树汁液已经填满了伤口，一缕缕沿着树干流了下来。往上看，那繁密的树枝上，长满了淡紫色的叶芽。'它们已经无法绽开了'，我想。"在这里，孩子们自然就会回顾到文章的开头部分："经过漫长的冬眠，树林苏醒了。这时候，每一棵树都活跃起来……春天的汁液沿着树干，源源不断地滋润着树的叶芽，它们长得鼓鼓的，好像随时就会绽开，吐出新叶来。"受伤的、眼看着要死掉的白桦树形象，和正在回春的树林形象就形成了对比。

那课文的其他部分怎么办呢？应该怎样处理呢？

有些段落不需要让学生特别去注意。比如："'奇怪'，我想，'这里明明是禁止砍伐的啊'。我加快脚步朝那声音走去。可是，那声音很快停止了。我来到树林边，却一个人也没看到。我停下脚步四处张望，看到路边有一棵枝条繁密的老白桦树。老远就能看到，在它的树干上，有新砍伐的斧头印。"当然，教师和学生还是需要通读这些段落的。只是没有必要把课文里包含的所有东西都加以分析：核心工作应该是分析课文里最能表达作品中心思想的地方，以及我们上面谈到的地方。

该怎么给学生讲解生词呢？

最好采用这样的方式：不要逐一讲解所有的生词。要有选择性。例如，在"一缕缕沿着树干流了下来"这句话里，如果学生不认识"一缕缕"这个词，就要加以解释。这个词表示白桦树受了多么重的伤。而像"四处张望"这个词语就完全不用解释，因为后面紧接着就说"看到路边有一棵枝条繁密的老白桦树"。

可是，只有多解释一些生词，学生们的词汇量才能增加啊！

增加学生的词汇量，并不仅仅靠讲解生词的含义，还有另外的途径：学生第一次碰到一个生词，随后又接二连三地碰到它，借助上下文就可以理解它的含义了。如果每次遇到生词都要讲解，阅读课就要变成词汇讲解课了。

我认为，您刚才描述的阅读课方式是否低估了教师的作用，过分强调学生的主体作用了？

您错了！教师在这里的作用反而是大大增强了。按照传统教学法，教师要按照规定的步骤来：提问（问题是课文后面附录的），讲解生词等。而按照新的教学法，教师的工作要复杂得多，也有意义得多。教师需要事先深入透彻理解课文，掌握文章的主要内容。然后把需要特别注意的形象、词汇和表达方式挑选出来。这就意味着，教师对于课堂的进度有一个预先的、清晰的安排。但是，这绝对不是说，教师在课堂上可以强加给学生某些需要感知的，需要记住的结论。不是的！凡是学生自己能够理解和感知的，都应该让他们自己去理解和感知。不过，教师应该起引导学生的作用：对于他们的思考方向，有些加以支持和发挥，有些则需要有技巧地规避——比如当学生偏离了作品的思想内容，陷入对细枝末节的思考时。

还需要考虑不同个体对文艺作品的感受。既然学生们在课堂上读的是同一篇作品，当然会有某些共同的思想和感情。但是，文艺作品的思想内容和形象描绘对每一个个体学生的影响，都是有细微差别的，因而每个学生对课文的理解也就不一定完全相同。如果我们不是让每一个学生按照他自己的思维方式、感知方式、性格特点去感受文艺作品，就很难让他们在阅读课上活跃起来。

这种让学生在课堂上活跃起来，甚至可以说是沸腾起来的教学方式，是否只有在阅读课上可以实现？

我认为，这不用猜测。还是用一门和文学作品阅读课的性质完全不同的学科来加以说明吧。

那么，我们就来看看数学课怎么上吧。我觉得，应该以最近几年出版的这方面的书籍为例。

请看 A. C. 普乔柯主编的《小学数学教学法原理》[①] 一书，该书的第八章有一节是"课堂教学——小学数学教学的基本组织形式"。在这一节里，作者以"有余数的除法"为例，说明了怎样进行课堂教学。

学生在这种课上的生活表现如何，以及是怎么表现的？

作者在这一章里提到了"生活"一词。他这样写道："生活本身就引导人们接触有余数的除法，因此，从学生的生活出发，举一些例子（分发练习本，劳动课上剪纸条等）。"作者在这里所理解的生活，是指学生的个人经验和活动。

不过，数学与生活的联系并不是新提出来的。早在 1953 年出版的由 A. C. 普乔柯主编的《小学算术教学法》里就写道："教师在讲解新教材时，结

[①] A.C. 普乔柯：《小学数学教学法原理》，莫斯科：教育出版社，1965 年版。

合学生的个人经验，就能使理论联系实际。从学生的实际生活出发举例子，有助于他们更好地将学习概念与日常生活中的熟悉事物联系起来。"

那么，《小学数学教学法原理》一书中所描述的课堂情况究竟如何呢？

前面提到的那一章的作者写道："课堂上学生进行了很多运算。他们一边进行运算，一边对习题的答案进行说明和比较，找出共同的东西，也就是说，他们带着目的在思考，与此同时，他们从已知的运算和推理中获得初步的'发现'。这一切都说明，这样的课是卓有成效的。"

所谓"找出共同的东西""有目的的思考"以及学生能获得初步的"发现"，这些究竟有何表现呢？

这节课的第一步骤很有代表性：说明课的目的。然后让学生完成练习：把5个练习本分发给两个同学；从一根9厘米长的带子上剪下长度各4厘米的小段等。作者认为，"学生们发现，还有一种他们以前没有学过的除法，即有余数的除法"。

学生们自己发现一种新的除法，这是很好的事啊！

如果学生真的能自己"发现"一种以前没有学习过的除法，那当然很好，然而事实并非如此。因为在学生做练习之前，就已经被告知：有时候会遇到除不尽的除法。分发练习本就是给教师做例子用的。所以，这哪有什么学生自己的"发现"可言呢？没有！实际上，学生已经从教师这获知有一种特殊除法的信息了。

我很想知道，怎样进行数学课教学，才能真正地在课堂上让学生积极活跃、精神饱满。

我很乐意来谈谈数学课。我想强调的是，学生在数学课上积极活跃、精神饱满，在文艺作品阅读课上各有各的思维和感知，这两者是有区别的。就拿数学教学本身来说，各个章节的差别也决定了学生活动的性质的不同。例如，解答应用题和学习乘法口诀表就不一样。

请介绍下乘法口诀表的教学方法，这对我们特别有用，因为这是非常枯燥的任务。如果在这里都能唤起学生的注意力，那真是太好了！

通常情况下，在教某个数字的乘法口诀时，总是先通过加法来引导学生编制和抄写乘法口诀表。如果学的是 4 乘以某个数，例如 4×6，那就把 4 作为被加数重复 6 次，再用乘法加以替换：$4 \times 6 = 24$。然后进行背诵这些口诀的练习，在解答应用题时使用乘法口诀表，并且布置的家庭作业也是熟记乘法口诀表。[①]

这种教乘法口诀表的方法，我们是很熟悉的。在这里，很大的负担落在学生的记忆上：他们的主要任务就是背熟，并且在解答题目时能想起这些口诀来。但是，积极活跃的课堂生活不是靠记忆来完成的，而是要靠思考、推理、独立探索问题。我们想要看到的是这样的教学方式！

您太心急了，打断了我的话，我想说的正是大家所期待的那种教学方式。但是，我觉得最好还是把它和普通学习乘法表的方法进行比较。我刚才就是从普通教学法先谈起的。现在我们来谈谈，这种课的另外一种教学方法。

比如说，学生已经学过"2"这一列的乘法口诀，现在开始学习"3"的乘法口诀。教师向学生提出一个问题："3"这一列的乘法口诀从哪儿开始？它的第一行应该是什么？一个成绩较差的学生萨沙回答说，应该从 $3 \times 1 = 3$ 开始。另外一个叫科里亚的同学不同意。教师问他为什么不同意，他解释道：因为课堂上已经讲过，一个数乘以 1，其积不变。既然我们已经知道这一点，乘法表里为什么还有 $3 \times 1 = 3$ 这一行呢？教师肯定了科里亚的意见，并且补充解释道：乘法表应该简短一些，才更容易记忆。确实，如果不需要记忆这一行，就不用写出来。我们知道 3 乘以 1 的得数时，不用乘法表也能知道等于 3。

柳达也加入了讨论：她想表示自己同意教师的说法，并且认为科里亚是正确的。她建议大家看看"2"这一列的口诀表是怎么写的。教师支持柳达的

[①] 普乔柯：《小学数学教学法原理》，莫斯科：教育出版社，1965 年版。

建议。同学们翻开自己的笔记本，满意地发现，里面没有 2×1 这一行。

我很高兴，学生们对乘法表的编排这么关注。这就意味着，他们把学习看成是自己的事，而不是强加给他们的任务。这种方法很好！不过，我还有一点不明白：为什么要花费这么多时间来说明乘法表的编排顺序呢？平时不这么做的。教师只要说一声，某一行不需要写，不就够了吗？

既然您提到了浪费时间的问题，那我们就先谈谈这个吧。您觉得，教师在告诉学生怎样做的时候，应该注意节约时间。但是您忽略了另外一种情况，如果现在学习教材的时候不给学生彻底讲解清楚，以后就得一遍又一遍地重复讲解，反而需要花费更多的时间。

完全正确！我在听课时（甚至是非常有经验的教师的课）经常遇到这样的情况，教师反复讲解某一个内容，花费了大量的时间。

我们不能忽视的是，让学生自己去寻找问题的正确答案，这不仅对他们领会知识掌握技巧，而且对于他们自身的发展，都是非常有意义的。我们刚才谈到的那节课，就是让学生自己去谈论、探讨、论证自己的观点。他们在积极地思考。学生们对于"解开谜底"兴趣盎然。

这样日积月累下来，学生的发展水平提高了，为领会知识掌握技巧打下了坚实的基础。如果我们能在学生的发展上取得较大的进展，那么不需要增加额外的教学时间，就能够在教学上取得好成绩，而且这样花费的时间反而大大减少了。因此，单从花费的教学时间上来说，这样做反而是更合算了。

您的意见给了我很大的启发。在数学教学方面，您能不能再介绍一些其他的教学方式呢？

那我就继续说刚才那节课。当讲解清楚某个数乘以 1 不需要列入乘法表以后，再向学生们提出这样的问题：怎么继续编写乘法表？在解决这个问题的过程中，学生们纷纷提出自己的建议，对其他同学的判断表示质疑，并且说明怎样正确而合理地解决这个问题。讨论到最后，大家一致同意，"3×2"不应该列入乘法表中，因为在"2"这一列里已经有一个"2×3"了。在这种情况下，应当运用乘法的交换律：2×3＝6和3×2＝6是一样的。

在另外一节课上，教师让学生把"3"这一列的口诀抄写下来，并且进行上下排列：3×4＝12；3×5＝15；3×6＝18；3×7＝21。教师要求学生们把每一行跟下面的一行加以仔细比较，并发现有什么不同。学生们纷纷举手回答，教师让成绩较差的尤拉同学来回答。尤拉说，在"3"这一列的乘法表里，所有各行的被乘数都是一样的。这时学生们又纷纷举起手来。教师疑惑地问全班同学：你们为什么又举手呢？难道尤拉同学说得不对吗？孩子们面带微笑，眼睛闪闪发亮。薇拉开玩笑说："娜杰日达·米哈伊洛夫娜老师，难道只有别人说错的时候，我们才能举手吗？"妮娜肯定地说："尤拉说的是对的，但是不全面！"从学生们的表情可以看出来，他们都很赞成妮娜。有几个学生忍不住了，大声说："对！是这样的！"全班都沸腾了。看得出来，大家都"跃跃欲试"。每一个人都希望被提问到。幸运的机会落在了鲍里亚身上。他解释说，不仅各行的被乘数是一样的，而且每向下移动一行，所得的乘积就比上一行大"3"。学生们是多么专心致志地听着鲍里亚的回答啊，简直就像是这个回答决定着他们的命运一样！直到鲍里亚回答完毕，所有人才松了一口气："就是这样的！"然而，回答得还不够全面！教师夸奖了学生们，但是仍旧没有让他们松懈下来，因为最主要的内容还没有被揭示出来：为什么每向下移动一行，所得的乘积就比上一行大"3"呢？同学们又开始思考了，这一次他们很快就找到了正确答案，因为前面进行的探索已经为此做了充分准备。

这些方法很好。然而，乘法口诀表没法自动进入学生们的记忆里，还是要死记硬背的啊。

当然，记忆是必不可少的。并且，学生应该牢牢记住乘法表。

是的！这些事实表明，对待数学里那些非常"枯燥的"内容，教师还是能够激发学生积极思考的。在这些课堂上，学生的精神生活照样可以生动又充实。无须讳言的是，那些训练技巧的课常常是单调乏味、枯燥之至的！

我很赞成学生在课堂上的精神生活要积极、充实，甚至是非常热烈的。但是，如果每一天每一节课都这样子，会不会导致学生过度紧张？

学生在课堂上积极而充实的精神生活，不等同于时时刻刻处在紧张状态。学生的课堂生活，不是指让每一个人单独去苦思冥想。孩子们是在和老师、同学们一起交流、探讨。这里面有游戏的成分，有开玩笑，也有笑声……当然，学生的课堂生活，是以学习为主的一种精神存在方式。可是，只要是真正的、充分的、不造作的生活，就会是自由自在而又丰富多彩的。

第二章　教师和学生

在开始这次关于教师的谈话之前,我们最好先回想下"教师"这个词的一般含义。我指的不单单是学校的教师,而是所有能教给别人知识的人。"教"这个词的意思,不仅指传授知识和技能,也有教导、指引的含义。

当然,一般意义上教导别人的教师所具有的一系列品质,学校的教师也都应当具备。在教育学著作和一般书刊里,都强调认为,教师不应局限于传授知识和技能,还要教育学生做人,这是教师的神圣职责所在。

这是毫无疑问的。然而遗憾的是,教师在对学生的教育过程中,还有不少误区,教育工作仍然薄弱,还需要进一步加以完善。

我认为,教育工作存在问题的原因之一是,教师虽然不否认自己有育人的任务,但往往把这当成次要的。此外,教育工作似乎总是单独进行的,没有和教学工作有机结合起来。

当然,让学生学到真正的科学知识,教育起着极其重要的作用。然而,怎样使教育的力量变为现实,还需要采用适当的教学方法和适合学科的教学法体系。

单就教育工作的结果来看,教师和学生的关系是很重要的一方面。

对!这是一个很重要的问题,而且应该说,是个相当复杂的问题。每个人对这个问题都有自己的态度和做法。

我们来举个例子,说说这个问题吧。

比如说，教师个人对教育的影响作用。

该怎么理解这种教育影响呢？

人们通常把对教育的影响和教师的威信联系起来，认为教师要顺利且卓有成效地进行工作，威信是必不可少的条件。如果没有威信，那就意味着，师生之间的关系不正确，教学和教育工作没法有效地展开。有些作者还指出，在维持教学秩序时必须严格要求，才能保障学生有效地学习。

这种说法需要根据具体情况来看。应该先弄清楚，当人们在谈论威信时，到底是指什么。

确实需要弄清楚。波·勃·叶希波夫主编的《教学法原理》[①] 里，有一句话使我印象深刻。书里提到有一位教师，她认为教师的艺术就在于要学会迫使全班学生好好学习。"迫使"这个词让我十分震惊。震惊在于，我一生中也见过不少这样的教师，他们采取严厉的手段，迫使所有学生服从课堂纪律、完成作业。如果按我们一般的定义来看，这样的教师是非常有威信的。

这里很适合回想下 А. С. 马卡连柯的话，他曾经揭露并严厉谴责了家长虚假的威信（А. С. 马卡连柯《儿童教育讲座》）。马卡连柯认为，强迫的威信就是虚假威信的一种。在这里，摆在首要位置的就是各种纪律规定，震慑学生使他们不敢犯错误。А. С. 马卡连柯还指出了虚假威信的其他表现形式。

这一点非常重要！教师的虚假威信只能表面上维持课堂纪律，使学生完成作业。乍看起来，确实一切顺利。而实际上，并没有对学生产生深刻的教育影响。

为了保障教育工作的顺利进行，我十分注意发展学生的积极性、创造性和独立性。不过这不是一朝一夕的事情，急于求成、刻意而为反而会一无所获。以我的经验来看，刚开始时学生有点胆怯，后来会越来越自信，并且能经常提出自己的意见。我的二年级学生想布置一个关于列宁生平事迹的展览

[①] Б. П. 叶希波夫：《教学法原理》，莫斯科：教育出版社，1967年版。

台，得知我支持这个活动后，学生们非常高兴。他们自己做了分工：有的收集照片；有的收集印刷品；有的写关于列宁的文章；还有的负责装饰展览台。一切都做得很好，并且能按时完成。

给学生提供独立活动的机会，这是培养他们意志力的不可缺少的条件，而意志在人生中扮演着非常重要的角色。如果教师总是牵着学生走路，那他就不懂得意志力形成的条件和源泉。让学生自己确定目标、拟订工作计划，就会有强烈的动机，帮助他们克服在完成既定任务的道路上所遇到的困难和障碍。这正是一种克服困难的练习，也是对意志力的锻炼，而意志力是坚强意志的最重要特征之一。

少先队组织的活动有助于提高学生的独立性和创造性。现在有不少这样的活动，已经不仅局限于本班级内，甚至还要联合其他班级。例如，我三年级的学生制定了一系列学习目标，还给一年级的学生演出了木偶剧。应该说，给学生提供更大的独立活动的空间，可以树立教师的威信。教学工作中还有其他一些方面，有助于树立教师真正的威信。

常常听说，在给学生上课过程中，教师保持专注是非常重要的。这种全神贯注取决于教师对学生的关爱、对职业的热爱和自身知识水平的掌握。

热爱科学和具有高度的知识素养，这两点的意义当然不容置疑。但是，教师在上课过程中的激情，很大程度上取决于教师和学生之间的精神交流。假设，教师眼前看到的学生都是冷漠无言，甚至是愁眉苦脸的表情……那么，教师上课的心情就会变坏，用知识来丰富学生头脑这件本来很高尚的事情，就变成一种枯燥无味的义务了。

您描述得太生动了。但是，您所描述的情景又引起我的一些疑问。教师要想从学生那得到热烈的回应，还是得取决于教学情况和他对学生的态度。

是的，教师可以用有趣的材料来吸引学生。但是这种做法，经常只在个别课堂上有用。当学生对未知充满渴望，课堂上才会有热烈的创造性气氛，教师才能够在这种精神鼓舞下，用知识充实学生，在精神上培育他们。这样就会形成一种互相友好、尊重的气氛，这种气氛有助于教学工作的顺利开展，完成教学任务。

这样做会不会动摇学校的纪律？教师应该站得"高于"学生，才能维护班级秩序，而众所周知，只有良好的秩序才能保障教学工作的顺利进行。

您的这种说法很可能被误解为靠棍棒来维持秩序。需要说明的是，如何理解"高于"这个词。如果这个词意味着官腔官调，要求学生无条件地绝对服从，那是无法营造出上面所说的和谐气氛的。如果"高于"这个词意味着，教师深受学生爱戴，他在学生心中，不仅是一个学识渊博的人，还是一个全心全意传授知识的人，那么，"高于"这个词就是完全可以接受的。

教师既是学生年长的同志，也是他们的导师，无论对集体或者个别的学生，都时刻不能放松自己肩负的指导责任——这一点是很有必要的，虽然有时做起来很困难。有时候很容易从一个极端走进另一个极端里：要么对学生的每一步都要加以干涉，要么对学生完全放任自流。

我来举一个具体的例子，说明上面的第二种极端情况。我曾受一位女教师的邀请，去参观莫斯科一所学校的二年级班级。课上得非常生动有趣，能感觉到孩子们不是被迫在学习，而是高高兴兴在上课。尽管如此，学生的行为实在是太无约束了：除了学生正常的学习声响外，有的孩子在座位上大声喊叫，有的跟邻座同学争吵。

我一直认为，没有必要让学生把手放在背后，正襟危坐，教室里鸦雀无声。但是上面提到的女教师越过了应有的界限，那样就会破坏课堂的秩序。

确实如此！问题还不止于此。我来继续上面的话题。我不仅对课堂情况感兴趣，还想了解课间休息情况。你猜我看到了什么？孩子们并没有去休息室，而是继续在教室里吵闹，在课桌上爬来爬去，吵作一团。女教师走了进来。然而她的出现并没有改变什么。看得出来，女教师对此已经习以为常了，她对眼前的一切熟视无睹。她走到一群学生面前，开始和他们闲谈。孩子们的言谈举止很放松，差点就和教师拍肩膀了。放学后我留了下来，想讨论下这个问题。在讨论的过程中，我提到了课间休息时学生的表现问题。我的话大致如下："您的本意是好的，但是在实际过程中，您存在一些严重的失误。师生关系和谐友好，首先学生要由衷地尊重教师。友好的关系不仅不应该削弱课堂纪律，而恰恰相反，应该巩固纪律，使学生更好地尊重学校的各项纪律。在这样的气氛下，学生不只是表面上遵纪守规。学生们会发自内心地意识到，在班集体和教师面前应该做到遵守纪律。在您的班级，这一点体现得不够充分。学生们可能是出于自己的想法想亲近您，但是并没有尊重您。否则，他们的举止就不会那么放任，也不至于违反学校的规定。"

在教育书籍和一般书刊里都经常提到，对于教师来说，必不可少甚至是最重要的一个品质就是要热爱学生。可是，当一个教师并不热爱学生时，该用什么样的方法，才能唤起他心中对学生的热爱呢？

首先可以很确定地说，您的这个问题确实很难回答。复杂性就在于，教师对学生的爱是一个多方面的问题。更何况这个问题里还有很多细微的差别，有很多不同的可能！

您指的是这个问题的哪些方面呢？

就谈谈教师对学生的爱这种感情本身的特点吧。"爱"这个词意味着一种自我牺牲的依恋感情。这可能是对祖国的爱。在这种爱里，爱的情感是和爱国主义情感有机融合在一起的。这也可能是母爱。母爱的生物学基础是母性的本能，但是父母对子女的爱，又和本能有着原则性的区别。"爱"这个词还有另一种含义：它意味着对某种事物的爱好和嗜好。比如喜爱阅读、音乐、绘画和科学。至于教师对学生的爱，这种情感非常特别：这里面既有某种出于自我牺牲的依恋情节，也可以理解为某种热情。这在很大程度上取决于社会生活条件。如今社会对儿童的关怀无微不至，文学作品、绘画艺术、电影电视等作品里都对儿童的生活和精神世界做了详尽的描绘，正确的家庭教育方法也得到了大力宣传，所有这些都为加强对学生的爱创造了有利条件。与此同时，我们意识到，儿童是我们的未来，是我们的接班人，成年人肩负着培养下一代、培养共产主义接班人的重任，这样一想，我们的爱的情感就好像增强了。

确实，教师对学生的爱，并不仅仅是用慈爱的、关注的态度对待他们。这种态度当然是需要的。但是对学生的爱，首先应当表现在教师毫无保留地奉献出自己的精力、能力和知识，来教育和教导学生，使他们在精神上茁壮成长。因此，教师对学生的爱应该同严格要求相结合。

不仅教师有对儿童的爱，一般成年人也会有。比如说，街心花园里坐着一位中年人，有个小男孩走过来，在长凳边摆弄玩具。这位中年人的眼里满溢着慈爱的目光，面带微笑。他会和孩子攀谈起来，试着讲一些小孩子可能感兴趣的内容，比如玩具啊、游戏啊……至于孩子家长有事或者遭遇不幸时，人们更是主动热情承担起照顾别人孩子的义务，这样的例子多么常见！

确实是这样的。教师的心里，也有着普通人对孩子的那种爱。可是，教师要一连好几年的对同一批学生进行教育，所以对学生的爱就具有一些特殊的表现形式。如果一个教师仔细地观察学生，他就能发现到学生精神的成长，而孩子们的成长正是教师的成果所在，要知道，教师在每一个学生身上都倾注了一部分心血。了解学生，了解他们的爱好和才能，了解他们的精神世界，了解他们的喜怒哀乐，恐怕没有比这更重要的事了。如果教师认为，学生不过是盛装知识和技巧的容器，那么他断然不会对学生充满爱，与此相反，甚至连他从事教师前，心里和其他普通人一样对孩子的喜爱之情也会消失。当教师把每一个学生都当成是一个有特点、有追求、有智慧、有性格的人时，才能做到热爱学生，尊重学生。

对的。可我们无法回避的一个事实就是，个别学生身上有一些特质，一些让人无法喜爱，甚至，会令人讨厌的特质。对于这些学生，教师未必能做到喜爱他们。

有一句俗语这么说的："漂亮的孩子人人爱，喜爱难看的孩子才是真爱！"假设您班级有一位同学，他上课不专心，经常违反纪律，做家庭作业时总是很马虎，粗鲁又无礼。这一切，当然不会使教师高兴，这些事情本身也不会使教师对这个学生产生好感。我强调"事情本身"这几个字，因为这里指的是外部的表现。但是在这些外部表现的背后，可能隐藏着良好的品质，有时甚至是很重要的良好品质。对于这些"难看的"孩子，如果我们真正地了解他，教师很可能会发现，原来他有爱钻研爱思考的大脑，有敏感又体贴人的心灵，有非同一般的积极性。为了说清楚问题的实质，我们来举一个和教育无关的例子。假如我们面前有一块土地，土质不好，还掺杂着石子。它既不会让人心情愉悦，也没法保障哪怕是最起码的收成。可是来了一群地质工作者，进行一番勘探后，竟然在这块土地的下面发现了巨大的宝藏。

说得很对！确实，如果教师没有仔细观察过学生，他就会对学生有不正确的看法。

我们刚才谈的是，教师应该了解每一个学生的特质。但是这个和教学过程中，对学生采取个别对待的态度怎么联系起来呢？

个别对待指的是，为了达到教学目标，要研究和考虑到每一个学生的特点。有时候也包括培养学生的正面品质。但是实际情况下，个别对待往往只是考虑到学生的一些特征，例如，对教材理解的速度和准确性、注意力、理解能力、思维的特点、知识质量、对学科的态度等。特别是为了克服学生出现不及格的现象，就特别强调个别对待的重要性。

这样的个别对待也是需要的。但更重要的是从另一种意义上来理解个别对待：不仅要考虑到学生的注意力、思维的特点及其他心理特点，而且教师要做好不同学生的不同特长发展工作。从教育学的角度创造条件，来满足学生的需求，并对他们的爱好给予正确的引导——这些都是非常重要的！

完全同意您的观点。当然，教师应当首先注意满足学生已有的那些需求和兴趣。但又不能局限于此。教师的义务在于，从多方面满足学生的个体发展。这里是不允许"顺其自然"的，必须把每一个学生所欠缺的方面填补上去。

那应该怎么做呢？

怎么做？首先应该看到，只有丰富多彩、朝气蓬勃的学生集体活动，才是帮助每一个学生健康发展的先决条件。如果认为只要对学生个别对待，就能使他得到多方面的发展，那绝对是一种错误的理解。

完全正确！为了证明这一点，我可以举出自己在教育实践中的一个具体事例加以佐证。在我曾经教的二年级里，有一个转学生鲍里亚。他没有什么过人的才能，上课时也很少发言。但是不久我就发现，他很喜欢数学。我支持他的爱好，至于我是怎么样做他的工作，我稍后再详细讲。

我明白，应当避免鲍里亚的偏科现象，应该培养他对生活、科学、艺术等各个领域的兴趣，于是我利用了丰富多彩的班集体活动。虽然对俄语和数学不可避免地要花费较多的精力，但也不能忽视让学生认识周围实际，引导他们珍视文学艺术。我的班级还组织很多参观活动，带领学生到户外、工厂、博物馆、展览馆等地去参观。我们不仅在课堂上，还在课外活动中，让学生大量阅读文学作品和科普读物，绘画和歌唱变成了研究造型艺术和音乐艺术的作业。

从第一学年起，我们成立了好几个课外小组：技术小组、音乐小组、绘画小组、泥塑小组等。家长们也对课外小组给予了帮助。无论是在课堂上，还是在课下，学生不仅满足了自己的需求，还发展了新的兴趣。这一切都深深地吸引了鲍里亚，他兴致勃勃地参加到各种活动中去。他仍然最喜欢数学，但同时，他对技术、文学、造型艺术等的兴趣也与日俱增。

比如，我们来举一个典型的例子。我们三年级时去克里姆林宫参观。俄罗斯建筑史专家维诺格拉多夫教授给我们讲解莫斯科克里姆林宫的历史和建筑艺术。鲍里亚专心致志地听着，并且仔细地观看各种文物，还做着笔记……在学习"矿物"这一课时，我们去综合技术博物馆参观，鲍里亚对展品非常感兴趣，还问了很多问题……

这一切都太棒了！不过还是想请您介绍一下，鲍里亚偏爱数学，您是怎么做工作来纠正他的偏科现象呢？

我在课堂上让他做比较复杂的题目，后来又推荐几本科普小册子给他看，让他了解古代（亚述、埃及等）的计数法，掌握了一些关于度量的历史知识。他把十进制的计数法和米制度量法加以比较，眼界扩大了，对数和度量有了更深的理解。我还做了许多别的工作，尽量来拓展鲍里亚的兴趣爱好。

您介绍得虽然很简洁，但是这个经验对我们来说很好。值得注意的是您对学生的工作特点，很大一部分时间和精力是用来研究观察学生了。如果没有您对鲍里亚细心观察，就不可能取得这样的成绩。我对您的工作方式很感兴趣。您给人一种用手牵引学生的感觉，而没有烦琐的教训，没有施加给学生各种课外活动，没有一对一的个别训练，而一对一这种方式甚至被一些人认为是培养学生最有效的方式之一。

似乎可以这样解释成功的原因，那就是通过集体的力量来影响个体，而在组织集体活动上，教师起着至关重要的作用。

完全正确！当教师在学生集体的基础上，来实施个别对待的方法时，这种个别对待才能真正获得巨大的力量。但是，"集体的影响"和"通过集体来影响"这种说法过于笼统，集体生活是各式各样的。像鲍里亚那种情况，好在集体生活是和学生的精神需要相符的，满足了学生的愿望和兴趣。

刚刚介绍的教育鲍里亚的例子，确实很重要，但同时应该从这个例子里尽量吸取更多的经验，以便阐明我们这次谈话的主题"教师和学生"。教师既能考虑到每一个个体的学生，又能组织学生集体活动，使得集体活动好像既为鲍里亚，也为班上所有其他同学提供一个健康的成长环境。

同时，教师还要时刻关注他们中的每一个人，其余的学生并没有被忽视，没有被集体忽略，每一个学生都在教师的"注意圈"里。教师和学生的亲密关系体现在，他既能组织一个集体，也能了解到每一个学生。如果您不反对，我想谈谈自己在冬日树林里看到的景象，它可能在某种程度上有助于我们弄清问题的实质。

请说吧!

初冬的某一天,我沿着林间道路走着。天气阴沉沉的,一点风也没有。前一天晚上刚下了一场大雪,地面、树木全被大雪覆盖得严严实实。我停下来,看着这寂静无声的树林。我想好好看看这冬日的树林。可是,哎,到处都是白茫茫的一片,看不清树枝,甚至连树木也看不清……第二天,还是这个样子,整个树林都被大雪掩盖着。但天空的乌云散了,太阳出来了。这一来,树木、树枝,甚至连最细的枝丫,都呈现出令人炫目的美丽姿态。他们的轮廓都加粗了:每一根树枝弯曲的地方,都覆盖着一层雪,像是在突出表现他们的特点一样。同样在班级里,也有这种类似的现象。如果没有教师对学生爱的阳光,学生就会乱作一团。当然,教师很了解学生的情况,比如说,某个学生最容易犯正字法的错误,大纲的哪些部分他掌握得好,哪些部分还有欠缺。但是,对于学生的爱好、兴趣、愿望、志趣、情感等方面,教师就不一定能了解,就像我在阴郁的冬日树林里分辨不清树木和树枝一样。

回到鲍里亚同学的话题上来。我认识鲍里亚,也观察过刚才所说的那些工作。在课堂上和其他活动中,教师和学生能够共同营造探索知识的氛围,这真的是人与人之间真正温暖的存在。

可是,说实在的,为什么需要这些呢?教师和学生之间的关系就应该是公事公办。教师指导学生去学知识,为学生树立行为规范和准则,而学生就应该去掌握知识,学习这些规范和准则。

公事公办的关系也可以是不同的。假设有这样一位教师,他的一切都是按计划严格执行,课上得枯燥无味。假设另有一位教师,面对的是同一批学生,用的是同一本教材。但与前一位教师不同的是,后一位教师十分注重知识学习的过程,他对学生的问题反应很敏感,仔细地听取学生的问题和困惑,鼓励学生去求证他们提出的观点。他以高昂的热情与学生分享着知识。这位教师敏锐地观察着班级同学们的反应,选择恰当的时机激发成绩差的学生的积极性,给成绩好的学生发挥的机会。他不仅运用语言,还能用他的目光,去鼓励和激发学生探索真理。他不是站在学生的对立面，而是和他们融为一体，与此同时，又不失其作为教师和长者的威信。

我们可以将教师和学生在课堂上的关系，与人们相互之间的谈话关系作一个比较。当人们互相交谈的时候，彼此交流知识，阐述各自的观点，争论并证明自己的观点。我们假设，如果一个人和教学机器"进行谈话"会是什么样的情形。他按下这个或那个按钮，就能获得新的知识，并且能检查自己对这个或那个定理的理解是否正确，等等。可是这一切是多么枯燥，人的思维被局限的多么狭隘！要知道，活生生的人说话时，不单单是靠话的内容来激发对方的思维和感情，还有交谈者生动的面孔，有一双在伟大的科学面前忽闪着闪耀着的眼睛，一双在怀疑结论正确性时眯缝着的眼睛，还有表情，还有手势……

您说得有点夸张了！难道要求教师在每一堂课上都要"激情似火"？

不是！并不是命令教师"激情似火"，如果没有做到这一点，巡视员就可以将没有"激情似火"作为缺点记录下来。我们谈的是教师的课堂工作性质。教师也和普通人一样，在气质、知识结构、情感等方面各不相同。不同的教师和学生交流的热情也具有不一样的形式。最重要的一点是——热情不取决于它所表现的形式。这只是一个极端，另一极端就是——有的教师和教学机器很相似。在这两种极端情况中间，教师和学生的交流方式还有很多不同的形式。

我很想知道，学生对教师的批判主要集中在哪些方面？

批判有不同的尺度：一种是出于理智，另一种则是出于心情。早在低年级时，学生就能觉察并以一定的方式评价教师的工作作风和行为举止。同时，学生也能觉察出教师的心情如何，以及对他们的态度如何。一种是真心实意，另一种是冷漠、装模作样，学生对这些都能敏锐感觉到。

我想，Ф. Н. 戈诺鲍林写的那本《关于教师的书》①里有一段很能说明上面的问题，引文如下：

"莫斯科第二十九中学的学生们去找校长 E. B. 玛尔季扬诺娃投诉，因为女教师总是称呼他们为'小姑娘'。

'这样称呼对于我们是一种侮辱。'学生们对校长说。

叶卡捷琳娜·瓦西里耶夫娜②感到非常惊讶，这些女孩子怎么因为这点小事就生气了？

'这样称呼没有什么，'她说，'你们老师是长辈，在她面前，你们确实是小姑娘啊。我有时不也是这么称呼你们吗？'

'噢，您——这不是一回事，'女学生们说，'您可以这样称呼，我们绝对不生您的气，但是她没有这种权利。'

'这是为什么呢？'叶卡捷琳娜·瓦西里耶夫娜追问着，'是不是你们觉得，我是学校的领导，就可以和其他普通教师不同，对你们态度随意些？'

'不是的，问题不在于您是校长，'女孩们解释说，'在于您……可以……像母亲那样……您就算是再凶点责骂我们，我们也不会生气。可是她，根本不像母亲那样对我们。所以我们不愿意她那样称呼。'"

这个例子确实很有说服力。但我想提醒您注意的是，即便双方关系非常亲密，教师和学生之间还是可能会发生一些矛盾的。

确实如此！生活不像一条小溪那样有节奏地、平静地流淌着。生活中有忧心和变动，有高潮和低谷。教师和学生的精神交流中，会出现各种各样的情况。这是生活的规律。但是常常也会发生这样的事，就是已经建立起来的精神交流被破坏了，出现了一些与互敬互重不协调的调子。有一位教二年级的女教师曾经和我谈起过，在她的班上有一位叫任尼亚的男孩，平时总是很和善很亲切，突然间对教师疏远了，教师很想弄清楚这种变化的原因，但是

---

① Ф. Н. 戈诺鲍林：《关于教师的书》，莫斯科：教育出版社，1965 年版。
② 即 E. B. 玛尔季扬诺娃的名字和父称，此处表示尊敬。

学生却不开口。

"也许，您曾经因为某事错怪了他，批评了他，让他受了委屈？"我问，女教师努力回想着，终于证实了我的猜想。

"可是，这事已经过去两个星期了！"她惊讶地喊道。

"请您不要忘记，"我回答，"孩子们受到不公正的待遇，特别是一个亲近的人让他受了委屈，这种痛苦会在他的心里留下深刻的痕迹。就好像一场大雨中，闪电击倒了一棵高大的橡树，狂风吹折了一些树木。大雨虽然过去了，重新出现蔚蓝的天空，灿烂的阳光，可是大雨留下的痕迹还是提醒您经常想起它。您刚刚讲的这件事，也是这种情况。不愉快的时光过去了，您还是像以前那样热情而亲切地对待任尼亚，但是他的心里还是没有忘记这件事。"

许许多多的事例告诉我们，学生对教师的态度非常敏感，他们总是用爱来回应教师的爱。

第三章 学习的动机

不管是在教育报刊上，还是在一般性报刊上，都有很多关于学生成绩，以及与此相关的分数、考试、及格率等的报道。不同的作者们，在某些问题上的观点倒是一致的：几乎找不到一篇文章是赞成追求及格率的。

谈到及格率的问题，我们就会想到分数，也就是我们的五分制评分体系。当计算及格率的时候，分数是检验学习大纲中知识掌握、技巧学习程度的衡量标准。这就很自然地引出一个问题：分数究竟在多大程度上反映出真实的知识掌握程度？这是一个很复杂也很重要的问题。

这个问题早就提出过了：Б. Г. 安纳尼耶夫在他那本内容丰富的著作《教育评价心理学》里，运用大量的实际案例来分析教育评价的各个不同方面。一个很重要的事实是，成绩好的学生和成绩差的学生不仅在分数方面有很大差异，还有一点就是这些分数里面也包含了教师对待不同学生的相当大的主观因素。成绩好的学生在学季考核时，所得分数要低于平时分；相反地，成绩差的学生，学季考核时的分数反而要高于平时。作者解释这种现象称，学季考核时教师对成绩好的学生要求提高了，而对于成绩差的学生，教师认为他们已经有了相当大的进步。

如果仔细观察教师给成绩好和成绩差的学生们如何打分时，你就会得出结论，评分这件事上，主观因素确实起了不小的作用。例如，在1960年出版的《中学生知识检验》一书中，Е. И. 彼特洛夫斯基写道，在评分时，教师被多种因素相互影响着：被评分的试卷的客观质量；教师对被评定的试卷中所反映的知识、技能和技巧的意义的看法；教师对评分的一般态度（非常严格，或者相反，比较随便）；教师对学生成绩已经形成的印象；对学生的一般态度（喜欢、反感）；教师的心情；教师的身体状态（疲倦、头痛或者其他）；对个人得失的考虑（高分多一点——学校行政、监督员对教师的评价会更好，等等）。

Е. И. 彼特洛夫斯基指出，"在影响评分的这些因素中，只有第一个因素是客观的，其他所有因素都具有主观性"。

教师在评定成绩时，如果主观因素过重，会产生深远的不良影响。因为这样就会出现不真实的、有偏差的成绩表。这就给教育部门的领导带来了困难。甚至连教师自己也糊涂了：对于学生的回答给不了正确的评分，学季和学年考核时的分数也不能反映学生掌握知识、技能和技巧的真实状况。

如果教师给学生的分数低于他应得的，学生内心会因为这种不公正待遇而感到痛苦。这可能激怒学生，引起不良后果，使他远离学校。如果学生感觉到教师在分数上照顾他，把他当作一个好学生，那么他就会偷懒，不再努力学习，抱着以后还会受到照顾的侥幸心理。不当的评分会对学生产生不良的影响。

那么教师需要怎么做，才能在评分时保持客观，尽量降低主观因素的影响呢？

教师应该密切关注每一位学生领会知识、掌握技能技巧的情况，清楚地知道他对教材哪些章节掌握得较好，哪些较差。但是这还不够。毕竟学生在学习过程中会经常发生变化，有时变好，有时变差，还有可能由于各种原因（忧愁、心情不好、生病等）而产生变动。如果教师经常性地、仔细地观察学生，就能把评分中的失误降到最低程度。

这样做会不会人为地提高了分数？这样的话还是和学生的实际情况不相符。

问题并不是要求人为地提高分数，这样也是不客观的。应该采取另一种方法。当教师注意到学生有不正常的表现时，他就暂时不要提问这个学生，因为并不是非得在今天一定要提问这个学生。

我在实际工作中遇到一些胆小的、腼腆的学生，他们有的根本不回答问题，有的回答得又太简短。之所以这样并不是他们没有掌握好知识，而是由于性格原因所致。遇到这种情况，唯一正确的做法就是关心和理解学生。

您说得对。总之，在评分时必须避免形式主义。和学校生活的其他情形一样，给学生评分时，也要严格要求和尊重学生相结合。

分数不仅是衡量知识掌握程度的标准，还可以从学习动机的角度考察它的作用。我们知道，为了在教学上达到预期的目标，教师不仅要指导学生的脑力活动，还要让学生树立起掌握知识的志向，即创造学习的动机。诱导人们去做某件事的原因即动机，动机可以调动起人的精神力量。

对所学的知识的兴趣可能成为学习的动机。

高年级学生意识到自己对祖国的责任，这就是非常强大的学习动机：学习成绩更好，就可以为祖国、为人民做更大的贡献。为了服务于人民，应该多学知识，多掌握本领。

不可忽视的是，可能同时还有其他几个动机：既有为祖国做贡献的志向，又有对教材内容的强烈兴趣。几种动机共同起作用，形成一个"动机的结合点"。

如果学生没有这些动机，不愿意学习，我们应该怎么办呢？

对于那些不愿意学习的同学，也许可以采取严厉的措施。

强制这些学生学习的必要性何在？怎么证明这一点呢？

必要性就在于，学生掌握知识程度太低，引起人们深深的忧虑。该怎么办呢！这种忧虑是完全合情合理的，特别是随着新教学大纲的使用，教材内容比以前更广泛更复杂了。

有人认为，有的学生没有把所有精力都放在学习上，是导致成绩不及格的原因之一。那些得"两分"的懒散的学生，反而对于得"两分"毫不在乎。有人说，学校对于这些"两分生"无计可施。最"厉害"的方法就是叫家长到学校来，谈话的结果还是劝说："哎，科里亚，你要保证，以后一定要努力学习。"科里亚做了保证，但是他的努力甚至保持不到一个星期。

我感觉，强迫并不是好办法，只会让人觉得不愉快……棍棒高压政策下的学生，只是因为害怕得"两分"或者想改掉"两分"，为争取得到"三分"而学习。不过同时，我也很困惑，我想不出还有什么别的方法……如果学生不愿意学习，那就只有强迫他学习这一种方法了。

我们来分析一下。首先需要明确一点，分数起作用的"机制"是什么。比如说：学生考了个低分，他就会努力学习来改变这个分数。要达到这个目的，就要把书本里规定的段落掌握好，认真听课，等等。如果学生得了"四分"或者"五分"，他就会努力保持以防成绩下降。

您说的这些，都是学生在所得分数的影响下认真学习的情况。遗憾的是，我们经常遇到的情况是学生为了逃避低分，"赚取"高分，不惜采用不诚实的手段。举个例子来说，学生总在盘算着，教师大概什么时候会提问到他，在可能被提问的前一天，他就会认真学习布置的任务。一旦这位"认真的"同学被提问过了，他就可以"放松"了，不再认真了。当教师发现到学生这些小伎俩时，就需要采取各种对策，促使学生不停地认真学习。这么一来，学生和教师之间好像出现了一场博弈：看谁更巧妙。

显而易见，在这种情况下，学习动机就不是对知识的兴趣，而是为了取得分数。除此之外，分数在教育学生方面也会产生不良影响，学生会养成一些不良品质。

是的！很明显，分数也显示出它的另一面。不过我想建议，我们暂时不讨论这一类情况，我们继续分析当学生踏实认真地学习时，分数发生作用的"机制"是什么。情况是这样的：分数，不管是高分还是低分，都起着一种类似于杠杆的作用，教师可以借助这种杠杆来达到预定的目标——使所有学生都能掌握知识和技巧。

有一点不能忽略，这种"杠杆"和我们平时说的吊起或转动没有生命的物体时使用的杠杆，是有区别的。

您说得很对！分数不直接起作用于学生的学习过程。如果可以这么表达的话，在分数和它的外部结果之间，还隔着学生一系列的心理活动，因为学生毕竟是有思维、有情感、有追求的……

仔细分析学生对待分数的态度，这是一件非常重要的事。学生在得低分后感到难受，在某种程度上意识到需要好好学习时，低分才达到了预期的效果。然而实际情况远非如此。

实际上，事情并不像乍看起来那么简单：教师打了个"两分"，这就促使学生好好学习。

还有一点不能忽视，就是当家长知道学生分数后的反应。家长对低分的反应会使学生感到痛苦，但是这种痛苦可能出于不同的原因。比如说，学生得了一个低分，家长就惩罚他。惩罚，当然会激起学生的负面情绪，但是这些负面情绪并没有和他没掌握好教材知识联系起来，而是和惩罚联系起来了。

也可能出现另一种情况。学生得了低分，家长并不惩罚他，但是学生能觉察到家长的不满。他就会努力改正这个"两分"，这并不是因为害怕惩罚，而是出于他们对父母的爱，不愿父母伤心。

在后一种情况中，学生的动机比前一种，即出于害怕惩罚而努力学习，似乎要高尚一些。

但是对学生的学习动机产生影响的，不只是他们对父母的感情。家长们也会采取各种各样的奖励和惩罚形式。根据 Б. Г. 安纳尼耶夫《教育评价心理学》引用的数据来看，大多数家长都在用这样或那样的方式促使学生取得高分。经常有这样的情况，家长好像和自己的儿子或女儿达成了长期的合同："如果你好好学习，就给你买自行车。"有时候一旦得到高分，就会有奖励。在调查中家长们称："孩子得了高分，我就带他去剧院、去看电影、给零花钱、买糖果、买书。""我的孩子得了高分,哥哥会夸奖她,还会给她送礼物。""孩子好好学习时,就给他买点东西,这是有必要的。"

根据我的观察,学生一旦得了高分,就会在同学面前炫耀。很明显,高出别人一等的感觉会带给他满足感。这样一来,就会养成一些不良的性格习惯,比如妄自尊大、爱好虚荣等。

追求高分对于知识的掌握也会产生不良影响。这种情况下,学习课本知识成了取得高分的手段,而知识本身对于学生并没有吸引力。没有经过紧张的思考,没有和兴趣相结合的知识,学生很容易就会忘记。当学生把课本给教师检查后,他就会觉得没必要再记住这些知识了。可能学生并没有意识到这一点,但人的心理活动规律就是这样的。

那应该怎么做,才能让分数真实反映出学生的知识和技巧掌握程度,以分数为标尺客观考核学习成绩,而又不会对学生的道德形成和知识掌握产生不良影响呢?

已经有人采取了一系列措施,来合理地运用分数。有一种方法是将分数和教师的评语结合起来。教师在给学生口头评语的同时,指出其知识掌握的薄弱处,以及可以通过什么途径来掌握。还有一种方法,是向学生解释,为什么给他打这个分数,这个分数意味着什么。这种解释的目的是防止学生只看重分数,重要的是引导他们获得知识,而不是追逐分数。

您对这些方法是怎么看的呢?

我认为,评语有一定的好处,但是没能解决根本问题,即学习的动机问题。至于和学生谈分数的意义,也不一定能有什么作用。不论你花了多少精力来给学生解释掌握知识的意义,如果教学安排工作没能激发学生对知识的渴望,那么这些解释都是一场空。

那有什么办法解决问题呢?

我并不想说什么解决良方。因为我们的目的,是要分析学校的实际情况,探索出合理有效的方法,来提高和改善教育教学工作。至于这些途径的具体运用，就要取决于在某个具体的学校、具体的班级的工作特点。我没有什么解决良方，只想简单介绍下教育教学的经验。这是低年级的经验。有一位女教师，她上课时并不按照一般的步骤：检查家庭作业，讲解新内容，当堂巩固，等等。她在课堂上开展了一个生动活泼的认知过程，老旧的课堂模式完全不适合这个过程。她的课有精确的结构，但是这种结构不是由外在形式决定的，而是由教材内部逻辑结构和学生的思维发展模式决定的。显然，学生从教师这学到了很多知识，他们自己也纷纷交流各自从书本、日常观察、电视节目、电影、大人的谈话里得到的各种知识。毕竟现在的孩子们早在学龄初期，就已经掌握了相当大的知识量，知道了很多关于世界、自然、人类、劳动、生活和技术方面的知识。

遗憾的是，教师在讲解和阅读课本时，他所讲述的知识，学生们早就已经知道了。这里有必要回忆一下 Л. Н. 托尔斯泰的箴言："为了让学生能理解，并对所学的东西感兴趣，需要避免两个极端情况：不要和学生讲那些他们不知道也无法理解的东西，也不要讲那些他们已经知道的，掌握的比教师还要好的东西。"[1] 如果教师讲的知识，都是学生已经知道的，那么他们就会觉得索然无味，枯燥无趣，最后对学习完全失去兴趣。

完全正确！当我们给学生提供和同学、教师交流知识的机会时，他们会非常高兴，课堂就会变得很生动，就会形成一种集体参与的气氛。

如果学生提出的问题，超出了本课的范围，该怎么办呢？

在上面谈到的那种无拘无束的课堂氛围中，学生会联系教材的学习提出很多问题。教师应该鼓励学生多提问题，这意味着他们在积极思考问题。教师应该随机应变，同时又坚守底线。如果所回答的问题涉及以后的课本知识，也不用担心，可以一带而过，不需要深入讲解。对学生的提问不予回答，这种做法是不对的，除非所提问题远远超过大纲范围，学生没有能力去讨论。

---

[1] Л. Н. 托尔斯泰：《教育文集》，莫斯科：教育书籍出版社，1953 年版，第 338 页。

学生提出一大堆的问题是否有用呢？会不会扰乱课堂？

确实，我们不能把课堂变成问答晚会。在我们说的这个班级中，并没有出现过分的情况。只要课堂上保持这种认真工作的气氛，学生提问的数量自然会保持在一定限度的。如果学生提问，这就有利于形成和巩固学习的内部动机。单纯地听教师讲解不能调动学生的思考。正像我们在第一次谈话中讨论过的那样，只有学生自己发现对课本的理解还有这样或那样的问题时，才会产生求知的渴望，并不断增强。当他们感觉到某些地方前后不一致，感觉到还缺少了什么才能使知识互相"衔接"上时，这就是我们希望看到的好事。这意味着学生对认知感兴趣，对知识的掌握持批判态度，积极思考问题，只有这种时候才会产生问题。女教师仔细地听取学生的发言，听他们互相反驳，试着从问题的困境中挣脱出来。学生们通过共同的努力，和教师一起寻找问题的答案，而教师在不知不觉中引领学生到达预定的目标，找到了答案。

在课外活动，在参观展览时，也可以看到教师和学生在认知过程中相互合作的情形。我曾经在技术博物馆看到过一个班级，带领参观的女教师和她的学生一样，都被展品深深吸引着。他们共同体验着一种精神上的振奋，对知识的渴望以及认知未知的事物而得到的满足。

幸亏有这样的教学安排，学生们对知识的理解才能更深入，探索性思维得到了发展，深入认识事物的渴望越来越强烈，得到了不断的进步。学生对知识的渴望越来越强烈。他们在紧张的脑力劳动中得到了满足，更加愿意去完成复杂的任务。在这种情况下，就不会出现只追求分数的现象。对知识的渴望成了主要学习动机，而分数退居其次。

难道说分数啊、表扬啊，对于你所说的这个班级的学生来说，已经不起作用了？

不能把学生都想象成是来自别的星球的小天使，他们受到表扬时当然会高兴，而这一点没有什么不好。只要存在分数，它就既是衡量知识掌握程度的标尺，也是学习的动机。问题就在于，一方面，分数、表扬给学生带来满足感；另一方面，对未知事物的向往，完成复杂任务所获得的满足感，这两个方面哪一个占主导地位？对于刚才谈到的那个班级来说，学生们对知识的渴望十分强烈，已经不在乎表扬和高分了。其实本该如此。

第四章 认知周围世界

儿童生活在一个自然环境多姿多彩、社会生活丰富多样的世界里。小学各科教学大纲的目的就是要多做工作，使学生认知周围世界。这一点我们都清楚。但是我想再明确一下，我们该怎么做才能完成这个任务。毕竟低年级学生岁数还小，因此需要选择一些他们容易理解的现象来讲解，这样他们才能更明白。

您说得完全正确。对于讲解给低年级学生的内容，当然需要仔细挑选。不过，同时也需要避免小学教学法几十年以来一直在犯的一个错误。这个错误就是，在学校教学工作过程中，把学生对周围世界的认知极度局限和简化了。一直到目前，低年级对自然现象的认识，仍然是极其贫乏和原始的。比如，一年级学生学习到的知识都是个别的、片断性的，而且只是些自然知识的表象。如果说到植物，就教学生认识几种树（白桦树、椴树、橡树、槭树、杨树）。或者列举几种家畜，说明人们是怎么豢养的，它们又给人们带来什么益处。学生还了解了兔子、狐狸和熊在哪儿住，吃些什么（这就算是对野生动物有所认识了）。对于自然界的季节现象特点，也是通过表面化的观察进行了解。所有超出这个范围的现象，都被认为是学生无法理解的。

我们对儿童认识周围世界的态度，与实际情况是背道而驰的。问题在于，现在的一年级学生所拥有的知识储备量，远远超过四十年前的学生了。

教学法对于这个问题是这样回答的：学生对事物的概念和理解是不准确

的、模糊的，还需要对其进行加工。

这不是理由！对事物的概念和理解进一步确定，不应该妨碍扩大学生的视野。

鉴于现在新教学大纲的启用，学生应该掌握的知识面，与以前相比要有所扩大。比如说，一年级包括了一些最简单的比较（雪和冰）。这是一种进步。遗憾的是，现在对于自然知识的认知仍然没有超出表象的范围。比如说，作业里有这样的问题：天上掉落下来的有哪些东西？什么时候开始落叶？还有这样的题目：仔细观察教室窗台上的三种植物，看看叶子在根茎上是如何排列的——互生的、对生的还是轮生的？

我想知道，有没有别的办法教低年级学生认知自然界？

向学生解释清楚自然现象之间的联系，这一点尤为重要。当然，进行观察是非常好的：学生能够积累自然界的一些现象，除此之外，还能掌握观察事物的能力。在认知自然界的过程中，观察力应该占据着很重要的地位。但也不能局限于观察。教师的说明、讲解、阅读和谈话等，都是认知自然界的重要途径。学生从这些非直接的途径中进一步加深对自然界的理解，思考自然界中存在的因果联系，即现象间的必然联系，一种事物（因）对另一种事物（果）的制约性。

我之前一直认为，一年级学生的特点，就是他们无法理解这种或那种现象的原因。所以我很怀疑，能否给一年级学生讲这些复杂的、超出范围的知识？

我想，您这个问题的提法本身就有个错误：笼统地问，一年级学生对于因果联系是否可以理解？我们举个例子来说，街道上有个水坑，因为下过雨。这就是因（下过雨）和果（街道上的水坑）之间的联系。一年级学生不仅能理解这种联系，还能够自己去发现它。上述的联系有这样一个特点：学生看到事物的"果"（水坑），然后根据自己的经验，把它和"因"（下雨）联系起来。如果事物的因和果学生之前都未曾体验过，那就另当别论了。在这种情况下，教师要采取适当的教学方式，才能使一年级学生意识到因果联系。这在很大程度上取决于现象的特性——复杂还是简单，当然也取决于其他条件。

这些观点是否在小学教学实践中论证了？

是的！已经论证了。我们实验室在俄罗斯联邦共和国和几个加盟共和国的几百个班级里进行的实验调查表明，一年级学生已经完全能够理解自然现象的某些因果联系。当然，这里指的是相对简单的联系。

比如说，孩子们发现，随着天气变冷，昆虫就逐渐消失不见了。他们从教师的讲解和课本知识里了解到，昆虫过冬时，不管是成虫还是幼虫，都躲藏到僻静的地方了：它们爬到树桩和枯树的树皮底下，钻到树皮的空隙和缝隙里，躲到地衣和落叶下面，钻到泥土里去。它们在这些地方瑟缩地度过冬天。

同时，学生还会了解到，一些鸟类（白嘴鸦、椋鸟、燕子等）秋天会迁徙到温暖的南方去。在谈话的过程中，他们会知道，如果这些鸟留在我们这里，就会因为没有食物吃而饿死，因为它们平时吃的是昆虫和蠕虫。这就是现象之间的联系。

既然我们谈到了鸟类，那么还应该说一点——它们是怎么适应生存条件的。比如说，鸦属的一些鸟类（渡鸟、乌鸦、寒鸦）都长着又大又结实的喙和有力的爪子，这有助于它们从雪地里搜寻食物，撕碎猎物。灰雀笨重而结实的喙能让它捣碎冰冻的浆果和坚硬的树种。啄木鸟的喙适用于啄开树皮：它的喙很结实、很长，像锥子一样尖锐；它的舌头上长着一些细小的锯齿，便于扎破吃到的昆虫；它的爪子上的趾，和其他鸟的构造有所不同——这些都是适应在树上生活的结果。

我明白，一年级学生可以弄懂一些简单的因果联系。可是，为什么要在一年级学习这些复杂的问题呢？等到孩子们再大一点，并且在掌握读、写、算的能力之后再学这些不是更好吗？那时也有时间来好好研究自然界。

我们知道，为了训练技巧，常常损害了学生对自然界的认知。我之所以这样说，并不是因为我对训练技巧有偏见。相反，让学生认识广阔的自然界，而且不仅是自然界，还包括一般的认识周围世界，最终也有利于技能的掌握。

这是为什么呢？

是这样子的，对周围世界有多方面的深刻认识，可以帮助学生养成明确的良好的学习态度。如果把对周围世界的认识压缩成学生吃不饱的一份"口粮"，这正是导致学生对学习、对学校丧失兴趣的原因之一。不能认为这是学生的过错。如果岁数不大的学生们，对周围的一切，对未知的远方，都充满了求知的渴望，可是呢，我们却逼迫着他们天天写单词、算数学，单调枯燥又令人乏味，自然会扼杀了学生的学习热情。而你们作为教师自然知道，学生内在的求知欲在学习过程中起着多么巨大的作用。

我曾经在一些课堂上，看到过刚刚谈到的教学生认识自然界的做法。我亲眼看到，学生们对自然课和课外参观兴趣浓厚。他们在参观时观察仔细、听讲认真，还能提出很多问题，讲述自己在校外的见闻。显然，这种教学方法能够激发出学生内心的求知欲。

还需要明确的一点是，在学生认知自然现象的同时，向他们讲解清楚因果关系，这对于他们形成科学的世界观是非常重要的。

低年级学生岁数还小，怎么样才能使他们形成科学的世界观呢？

要回答您这个问题，需要先回答什么是世界观。

世界观——这是关于周围世界，即自然界、社会和思想的系统的观点、概念和看法。当然，学生的世界观是在学习期间慢慢形成的，随着学习的进一步加深，对事物理解的进一步深入，对周围世界的认识也就越来越深刻，伴随着更丰富的学习活动和社会公益活动，世界观逐渐形成了。为了达到这一目标，仅仅认识一些个别的、孤立的现象是不够的，要知道科学世界观的一个最重要特征就是：世界并不是单个事物的累积，而是由许多局部有机组合成的系统的整体。早在一年级时，就可以为日后的科学世界观的形成做一些"添砖加瓦"的工作，这一点是我们作为教师所不能忘记的。

学生参观工厂收获良多。学生是变化的、不断发展中的个体，这不仅体现在他们喜欢自己动手制作，还体现在他们很乐意了解人们是怎样做出这种或那种物品的。要借助学生的这种意愿来使他们了解劳动，因为劳动是一个巨大的范畴，是社会生活的基础所在。

看来，参观工厂是否应该从二年级开始？我曾经试着带一年级的学生去参观工厂，但是没有收到什么效果。孩子们注意力不集中，这种参观并不能使他们对物品制造产生概念。

当然，在一年级的第一学期就带学生去参观工厂不太合适。学生首先需要具备一定的观察能力。还有很重要的一点是，要选择合适的工厂来参观，工厂的制作程序可以让学生很清楚地观看。比如说，可以选择制作练习簿的工厂。从纸张上画线条，到裁出更小的纸，再把纸张和封面折叠起来，最后装订成簿——所有这些步骤都能让孩子们一一看清楚。

如果课本上有关于练习簿厂的课文，是不是就不用去参观了？

两者并不互相排斥。相反地，把阅读和参观结合起来大有益处。如果生产过程比较简单，就可以先参观生产实况，参观后回想和口述，然后阅读课文，并进行自我检验。如果生产过程比较复杂，比如说皮鞋的制作，那么最好是参观前先读课文，这样可以使学生对于将要观察的东西有所准备。有时候去参观的工厂，课本里没有此类介绍，或者相反，有课文介绍，但是本地没有相应的生产单位。这种情况下，教师要边讲解边在黑板上画图，来向学生说明物品的生产制作过程。

我带低年级学生参观过以下地方：纺织厂、面包厂、牛奶厂、孵化厂、汽车电车厂、印刷厂、邮电局、运动场、少年自然科学站等。这种认识周围世界的方式让教学过程变得很和谐。而避免了单纯读书和技巧训练给学生带来的单调感觉。

如果说到带学生认知周围世界这个任务，那么就不应该将学生局限在一个小的范围里。有人认为，学生应该先认知周边的，再逐渐由近及远地进行认知，我从来不同意这一观点。我认为，与以前相比，如今的低年级学生视野大大地拓宽了，这条规则已经完全不适用了。比如说，生活在中部地带的学生，这里有田野、树林和灌木丛。可是他们对于什么是冻土带，养鹿人是怎么生活的这些问题，听起来是多么兴致勃勃啊！那里的树木是在地上爬蔓的，蘑菇长得差点比树还高。冬天的树木上覆盖着一层厚厚的白雪，而春天的冻土带又是多么美丽啊！遍地都是白色的、黄色的、紫色的花儿，像是铺着一张美丽的地毯。

养鹿人驱赶着巨大的鹿群向北或者向南走，这要看哪里的水草更丰美。从前，养鹿人全家都随着鹿群迁徙。如今，他们有了安定的家，家人可以在设施齐全的村落生活，村落里有学校、医院、电影院和图书馆。

经验表明，学生对未知的远方、遥远的国度充满了好奇，比如说北极和赤道地区。教师在讲解时，配上相应的图片、幻灯片、视频，让学生对这些地区的气候、植被、动物以及当地居民的生活有所了解。孩子们知道了热带森林，知道了狮子、老虎和大象，还有北极的春天！这是多么充分地展现了我们这个星球多样性的生活啊！一望无际的冰原和白色北极熊——北方的"主人"，还有北极地区的狩猎者和捕鱼业。这些自然景象和人民劳动的情形，都是在为学生日后了解差异性做准备：在两极地区，阳光斜射到地面上，所以这些地区收到的光和热最少；而在赤道地区，阳光垂直照射下来，所以热得很厉害。

刚刚说的这些很重要。要补充一点的是，对于人们的行为也要多加注意。学生不仅仅从课本阅读中学习，还会亲身感知体会，并将之与自己的行为和班级生活现象进行对照比较。但是这并不是经常发生的。为了说明我们应该避免的做法，下面来举个例子。学生们读了课文《在田野里》，文章里的玛莎小姑娘准备帮助大人们收土豆，可是她被花儿吸引了。小姑娘跑去采花，编了一个花环，还捉了一只甲虫。时间就这么过去了，队长责备了她。后来玛莎改正了，她开始认真地劳动，收了很多土豆。

阅读之后让学生们回答问题：为什么队长找玛莎谈话时，她的脸红了？玛莎是怎么改正自己的错误的？请通读课文。

这里的一切都是非常直接的：包括课文，也包括作业里的问题。没有深入细致的道德教育工作，取而代之的就是简单的谈话。这种方式导致的后果，就是学生习惯于言行不一。

E. 别尔米亚克写的《别人家的篱笆门》可以作为正面例子来看。这篇故事里提出了一个重大意义的问题：自家的和别人家的。自家的篱笆门用蓝颜色涂料刷过，铰链上涂了油，门闩"叮铃"响，像音乐一般悦耳。自己的，这是自家的东西啊……而苗圃的篱笆门被风吹得噼啪作响，门闩脱落了，铰链没涂油，已经被铁锈腐蚀了，篱笆门已经倒在地上了。阿廖沙和爷爷到树林里去，经过苗圃，谈起上面的事。

两个星期后，爷爷和阿廖沙又去森林里，看到篱笆门已经修好了。这是阿廖沙做的，可他什么也没说，连故事里也没有提到。这里说的不仅仅是篱笆门，还会遇到一些别的情形，而所有这些其实都集中指向一点：自己的和别人的，自家的和集体的、我们的。重要的是，这里没有任何烦琐的、令人生厌的道德说教。这里有值得学生们自己思考的方面，有人赞叹，有人愤慨，也有人会回忆起自己在生活中遇到的一些事情：伦理的问题远远不止于书本的范围，书本只是出发点。

这么看来，周围世界——这不仅是指自然界，还包括人们的劳动、行为、进步，简而言之，就是还包括多方面的，沸腾的社会活动。一年级和二年级学生从阅读课本和教师的谈话里了解到人们的劳动，了解到十月革命和我们的伟大领袖列宁同志，了解到苏联军队，了解到十月革命参加者的生平和事迹，获得不少关于社会生活的其他知识。在三年级，学生了解到我国人民的英勇历史事迹和苏联的现代生活。这一切都有助于正在成长中的学生的个性的确立，有助于用共产主义的精神教育他们，当然，也有助于科学世界观因素的形成。

在道德教育和科学世界观因素的形成中，无产阶级革命的伟大领袖、最富有人道精神的列宁同志形象，占着极其重要的地位。在整个小学教育阶段，学生们通过课本学习和教师的讲解，了解着敬爱的领袖和革命导师列宁同志的生平和在各个时期的活动。

非常重要的一点是，不仅要阅读关于列宁青少年时代的文章，还要从一年级开始，特别是以后两年里，要使学生对列宁的革命活动有明确的认识。

我每次看到学生们背诵那些关于列宁的泛泛而谈的句子时，总是感到很担忧，他们可能并不了解其中的真正含义。这和我们设定的教学任务完全不符合。学生背诵后，面对教师的提问都能应付。但是这些空泛的句子并没有在他们的心里留下痕迹，也没有增长他们的知识，触发他们的感情。

我想，我这有一篇课文还是很合适的，这篇课文内容丰富、具体又朴实。很乐意听听这篇课文。

墨水瓶有时也是可以吃的

列宁在沙皇的监狱里坐了整整十四个月的牢。

他在一间狭小的、阴暗的、孤零零的牢房里。一张铁床、一张桌子和一只小凳子——这就是那里所有的陈设了。

如果是别人在列宁这样的处境中，一定会整日哭泣哀伤。但列宁绝不是这样子。

即便在这样的环境里，他还是整天地工作。

早上起来，他做操锻炼，接着就开始写书。

他写的是一本有关革命的，非常需要的书。

但监狱里是禁止写书的。而且那里什么也不提供——没有铅笔，没有钢笔尖，也没有墨水——什么都没有。

也没有纸张。你想写作，那就去写吧。

那里只允许读书。所以家属有权利送书给犯人。

所以列宁就开始把字写在这些书里。但是这样的写作不能让监狱里的任何人猜出来，书里写的是什么。因为这些书交还家属前，监狱会对这些书进行检查。如果他们发现书里哪怕写了一个字，都会烧掉这本书。

不过革命者知道，可以用牛奶写字。

如果用牛奶在纸张上写字，那么一点都看不出来。

要想阅读写下来的字，需要先把这纸张放在油灯或者是蜡烛上面烤一会，牛奶就会变色，纸张上就会显现出褐色的字母，就可以看到所写的内容了。

列宁就是这么写作的——把字写在书页边缘和文字的行间里。他的家人知道这些，每次取回书后，就把每一页纸张放在灯下烤一会，然后就能看见字迹，再誊抄下来。列宁就是这样在监狱里写书的。

这项工作也要小心翼翼地进行，如果让监狱看守员看见他这样写作，那就出事了。连作为病号的牛奶都不会提供给他了，还可能对他进行残酷的惩罚。

看守员经常到牢房里来，或者从门洞里窥视犯人在做什么。

于是列宁想出了这么一个办法。他用面包做了一个小墨水瓶，然后把牛奶倒进去，再用弄到的一个笔尖在里面蘸着写。

有一天，看守员偷偷地从门洞往里面看，他看到了一幅奇怪的画面：列宁在写什么。

看守员马上打开牢门，走进牢房说：

"这回捉到你了。我看，你是在写什么东西吧？"

列宁拿起自己的墨水瓶，镇定地塞进嘴里，咀嚼着。

看守员说：

"你在干什么？你怎么吃墨水瓶？"

列宁说："你大概看花眼了吧。这不是墨水瓶，是面包啊，我正在吃面包啊。"

看守员一看，真的是面包。心想："难道，真的是我眼睛出问题了。我还以为，他在吃墨水瓶呢。"

看守员这么想着，走开了。而列宁马上又用面包做了一个墨水瓶，往里面倒了些牛奶，又开始写作了。

看守员每次一进来，列宁就镇定地拿起自己的墨水瓶，把它吃掉。而且吃得津津有味，因为这是面包和牛奶。

列宁出狱后，他笑着对自己的家人和朋友说：

"你们知道吗，有一天很不走运，两个小时的时间里，我不得不吃了六个墨水瓶。"

所有人都笑了起来。有的人搞不清楚状况，非常惊讶：墨水瓶怎么可以吃呢？

就是这么回事：墨水瓶有时也是可以吃的。

这篇课文好就好在，它通过一个故事来表现列宁的革命活动，而这个故事一年级学生也能理解。

然而，要使这篇课文的阅读起到应有的作用，教师应该注意打开学生的思维，畅想自己的感情，同时，教师还要坚定又有策略性地引导谈话，使其沿着正确的轨道进行。否则，学生的注意力就会产生一种偏离，只从表面上对列宁在沙皇监狱里所想出来的写作方法本身感兴趣。也就是说，学生应该将对这个方法本身的理解，和列宁写的书是劳动人民求解放的斗争所需要的这一点联系起来。同时，还有很重要的一点是让学生注意到下面这段话："如果是别人在列宁这样的处境中，一定会整日哭泣哀伤。但列宁绝不是这样子。即便在这样的环境里，他还是整天地工作。"

为了科学世界观因素的形成，还有很重要的一点是，要使学龄初期儿童逐渐形成对未知问题孜孜不倦的求知欲。如果不能满足学生的求知欲，那就意味着错过了帮助学生更好地理解周围世界的大好时机，而且会动摇学生对学校的正面态度。

我完全同意。对于教师来说，学生不只是一个脑袋里可以填充知识的容器，不是一个可以准确无误掌握技巧的学习者，而是一个托付给教师来教育的小人儿，是未来的社会公民。

是的，当然是这样！我们要为学生提供思考和弄清问题的机会，只有这样，学生的个性才能得到充分地发展。

列宁同志在共青团第三次代表大会上指出："……废除以前的死读书、死记硬背、纪律死板等方式，我们要善于运用全人类的智慧结晶，使你们学习到的共产主义知识，不是死记硬背的，而是经过自己思考的，这也是现代教育观的必然结论。"[1]

如果只做表面工作，形式上"学过一遍"教学大纲，那么教育和教学这种外在的"联系"是于事无补的。知识只会流于形式，只能帮助学生得到高分，升级学习，而不会成为对学生产生深刻教育影响的信念。只有为此准备好道德的土壤时，知识才会变成一种信念。从一年级开始就应该这样引导学生，要达到这一效果需要综合考虑到学生的认识、兴趣和自主思考能力。Н.К.克鲁普斯卡娅曾以高度的洞察力指出："应该琢磨清楚学生在生活中对什么特别感兴趣，特别关注。"这多么正确啊！很重要的一点是，学生在自己探索知识源泉时，我们需要关注并加以鼓励！在教师的正确引导下，学生才能将所学习到的知识和对周围世界的理解融会贯通起来。

高年级学生对于学校在教育中的缺陷，有很深切的体会。毕业前夕，一些学生在回答我们的问题"学校没有教会我们什么？"时，一部分学生是这么回答的："学校很少教我们创造性、首创精神和独立性，甚至没有教会我们勇敢和大胆想象的精神。我们没有足够的勇气来做决定，常常是把自己的问题推给老师和家长来决定。""在学校里，我们很少思考，更多的是死记硬背。"

---

[1] 《列宁选集》，俄文版，第四卷，第306页。

学生在毕业前说的这些话对我们来说很值得思考。如果学生主要是在死记硬背，而不经常思考，那么这种知识的积累对于世界观的形成未必会有任何益处。

学龄初期儿童在认识周围世界时，直观手段起着很大的作用。经常可以看到，人们在很大程度上是根据直观手段的运用情况来判断课的优缺点：上课的设备是否齐全？直观手段是否用得太少？

学龄初期儿童的特点决定了需要大量采用直观手段，以便于帮助他们形成对周围事物的正确印象，这一点已无须质疑。

但是，在承认需要大量采用直观手段的同时，我们还应该思考怎么样正确地、合理地使用。

这是什么意思呢？

在学生无法直接看到实物的情况下，要使他们了解那些事物和过程，上课时就必须将使用直观手段作为主要方式。假如说，大城市里的学校没有可能将学生送到乡村体验劳动生活，或者相反，农村学校没有机会将学生送到城市里参观。这时候就应当利用挂画、幻灯片和电影等方式。让学生了解一个完全陌生的领域——那里的自然界、劳动生活和居民生活方式时，大量运用各种各样的直观教具是非常有必要的。但是，如果说农村学校的学生，拖拉机就在附近，他可以仔细地去看实物，而这时还要使用拖拉机的图片来讲解，那真是浪费时间了。

这里提到了运用直观手段的几种情况，可以得出一条结论：当无法通过实物来展示有关事物和过程时，就应该使用直观教具。这是正确的！

我也同意。但是经常也有这样的情况，就是为了让学生仔细地看清他已经熟悉的事物，也需要使用直观教具。比如说，学生们见过活的啄木鸟，但是没有看清啄木鸟的脚趾是怎么排列的。为了让他们看清啄木鸟脚的结构，就需要看标本或者是专门的图画。

低年级教师有时候使用直观教具过于频繁了，根据我所观察的一些课堂情况来看，过多地使用直观手段不仅没有帮助，反而会阻碍上课。有些教具完全是个"摆设"，有些也只是看看而已。在这些情况下，直观手段反而使学生注意力分散，影响课堂效果。

教师在语法课上更应该谨慎使用直观教具，就拿我之前听的一次课为例。那节课是要讲"词根"这个概念的，女教师把一张挂画"学校花园"挂在黑板上，画上是收苹果的情景，有果树、篮子——空篮子和装满苹果的篮子，画面上有学生在摘苹果，还能看见花园中的几条小路。

课上挑选了这几个同根词：花园、园丁、园中的（小路）、小花园。为了评价直观教具在这里的作用，我们有必要回想下低年级儿童的心理特点。对于一、二年级学生来说，要从词的实际意义抽象到词型、语法特征上来，是非常困难的。低年级学生很难理解"花园"和"园丁"是同根词，因为"花园"是一块土地，而"园丁"是人。这是两种完全不同的事物，所以学生就很难从"花园"和"园丁"两个词里看出某种语法意义上的共同点。为了让学生理解这些同根词，首先需要让学生意识到这些词里有着共同的部分，而这些词所代表的实物的意义要退居其次。而"学校花园"这幅图，不仅不能帮助学生理解同根词，反而会对学生的理解产生障碍。这张图让学生在意识里将"花园"这个词的实物意义放在了第一位，而语法意义却没有任何体现。

可是，如果学生的意识里没有"花园"这个词的实物意义，也就是说，他不知道花园是什么，那该怎么办呢？

很难想象，学生不知道什么是花园，但我们就假设他不知道吧。那么这种情况下，只需稍微展示下图画，同时口头讲解即可。这样做的目的是让学生对"同根词"这个概念的教学任务有所准备。

如果教学任务不是学习语法，而是教学生认识周围世界的客观事物，那就完全应该另当别论了。这时就应该认真仔细地观看相关的图画、照片、模型、幻灯片和视频等。

我是这样理解的，教师应该清楚教学任务是什么，不同的教学任务要求对应不同的授课方式。在完成某种教学任务时，需要使用一定的直观教具，并且要求学生仔细进行观察，而在另一种教学任务下，则不需要使用直观教具，使用直观教具反而会妨碍学生对知识的掌握与理解。

您对这个基本思想的理解是正确的：我们不是为了直观而直观，而是为了取得更好的教学效果。

遗憾的是，我们经常没有遵守这一要求。结果是，直观性不仅没有帮助完成教学任务，反而带来了负面影响。比如说，课堂上使用一幅画，要求学生按图画来编题目并进行解答：左边画着两只坐在树枝上的小鸟，右边是两只飞翔的小鸟。图的下方是两个长方形空框，中间用"加号"连接起来，后面是等号，再后面又是一个长方形空框。题目是："编一道题目，并解答。"

这有什么呢！我在低年级工作期间（我已经工作 25 个年头了）都是按照教学法做的：使用图画，让学生按照图画编题目并解答。但很快我就开始怀疑，这种方法是否正确。在观察学生的时候，我觉得这样的任务并不能引起他们积极紧张的思考。

您的怀疑有非常充分的依据。确实，这些作业的完成并没有什么特殊之处。在一般的题目里，有已知数，根据条件中包含的已知数来求未知数。通过什么来求未知数？这是学生们比较感兴趣的，也正是这一点能促使他们积极思考。而在看图解题中，实际上没有任何解答，因为没有指明要求的数，学生不过是数数有几只鸟而已。根据习题里的问题应当求出的那个数，在这里已经有现成的。

这种方法显然是不正确的。但又出现另一个问题：在语法、数学课上，用什么样的直观手段比较合适呢？

当然，可以使用图画、幻灯片和视频，但是，绘有实物的直观手段在这里所起的作用，和在认识周围实际事物时（如在研究自然现象、生产情况，以及与人们的社会生活有关的各项活动时）所起的作用是截然不同的。就以图画为例，在认识周围实际事物时，图画可以展示事物或其过程，这一点在今天的谈话中已经提到过了。当在数学课上使用画着几个男孩的图画时，就不必让学生去仔细观察这些人物：他们的穿着，他们在干什么，等等。在这里，重要的是图画上有几个男孩。数学课上，图画存在的必要性就在于它把数学的量和实物联系起来。当然，在这一点上，不应该仅仅依靠图画：其实实物更有可能实现这种联系。

如果说到数学课堂上常用的直观手段，可以回想一下那些早就在教科书里和以挂图形式出现的图画。例如，为了直观地表现 8 减去 2，就会画 8 个圆圈，再把其中 2 个用横线划掉。为了表示 10 加上 3，就先画 10 根小木棒，把它们放在一起，边上再画 3 个单独的小木棒。这种以及其他类似的画法的特点，就在于不取实物，而是用几何的（空间的）形式。上述方法是与数或者其他数学的量的特点相符合的，比如说，4 这个数字，不仅仅是 4 个固定的物体（4 个苹果、4 面旗子等），而是 4 个单位。因此，4 这个数，是任何物体的一个固定的数量。也就是说，学生应该从具体的实物中抽象出来。

一年级学生很难将一个数看成一个固定的数量，不管所指的是什么实物。既然存在这种困难，那就有必要把数和数的运算以实物的形式表现出来。

有困难并不等于不可能。如果采取适当的方法，一年级学生也是可能把数理解为一个抽象数量的。这一点已经在实践中被证明了，我们将会在后面谈到。值得一提的是，在老的算术书（例如，阿·斯·普乔科和格·波·波里亚克编写）里，当学生开始学习十以内加法时，就已经有了对于数和数的运算这种画法了。如果把学生长久地限制在用实物计数的范围里，那就意味着，不仅对学生从实物中抽象出来于事无补，反而增加了难度。

有部分学生，过渡到对于数的抽象理解，非常有困难。这些学生其他科目可能学得很好，但是数学对于他们来说简直是绊脚石。

是的！对这些学生应该采取特殊的方法。所谓的特殊的方法，并不是说在教学中长期训练他们用实物计数，而是在用实物计数的同时还采取一些特别的方式。例如，当学生离开实物或图画就不会算数时，最好还是回到原来已经经过的阶段，即回到再用实物或图画来计数。但是当学生刚刚克服了他学习道路上面临的困难时，就应该前进一步，抛弃图画。这是比让学生每一次都重新开始用实物计数更为有效的途径。

我们讨论了很多低年级教学中的直观性问题，并且把注意力集中在一些重大的原则性问题上，而没有在前面提过的细节上浪费时间，这是正确的。不过我还想谈谈一个尚未涉及的问题，就是当使用直观手段时，教师同时进行的讲述、解释和其他说明，对于使用直观手段的效果产生什么影响。

我们可以补这个缺，简要地谈谈这个问题。

我们从个别的例子说起吧。学生在看灰雀和啄木鸟的图画时，教师可以采取不同的方式。他可以亲自向学生讲述每一种鸟的喙的构造特点（这种方法被称为词与直观手段相结合的"第三种形式"）。但教师也可以采取另一种方法，就是向学生提出问题，让他们进行独立观察后，自行回答（这种方法的名称叫作结合的"第一种形式"）。

根据我多年来低年级教学的经验来看，在学生独立观察后，他们能够做出更加全面和正确的描述，这比教师直接进行说明而学生单纯听讲的效果要好。当然，结果上会有些差别，但是差别并不明显。

您对基本问题（教师的讲述和直观手段，哪一种结合方法效果更好）的论述是正确的。可是在两种方法的效果的差别程度上，您的评价是有误的。在普通教育学研究所的实验教学论实验室里，曾经对教师的讲述和直观手段相结合的各种方法的效果进行过比较研究。这里我只举出和本问题相关的数据。当教师自行讲述，学生通过图画观察的鸟的特征时，和他们独立观察鸟的图画相比，学生做出的正确答案只占后一种情况下的三分之一，而错误的答案则比后一种情况下多四倍。由此可见，上述两种方法所得出的结果，差别是很大的。

是否可以根据这些研究结果来分析教师的工作性质呢？

我曾经分析过莫斯科几所学校的十七位小学教师的课。在分析中，教师们被分成了两个小组。其中一个小组主要采用"第一种形式"（即让学生自己找出物体的特征），这种形式共采用了 91 次，而"第三种形式"（即由教师讲述所观察的物体的特征），在他们的课上共遇到过 38 次；另一组教师的特点是主要且适时地采用结合"第三种形式"，这种形式共采用了 53 次，而"第一种形式"只采用了 10 次。

将同一位女教师的课加以对比之后可以看出来，当教材性质不同时，在采取"第一种形式"和"第三种形式"时会有一定的变化。但是对这位女教师而言，基本上还是保持着她个人的特有的比例。采用"第一种形式"为主的教师，能尽力指导学生进行观察，使学生从亲身观察中获取关于客体外貌的知识。

采用"第一种形式"为主的教师，自然地也会关心学生在讲读过程中所获得的知识是否具体。这种教师从来不局限于对生词或难懂的词汇进行口头的讲解，或者只是为了说明的方便而间断地，有时则是完全偶然地利用一下直观手段。值得注意的是，即便在其他课上，比如语法课上，这些教师也很注意组织学生进行独立观察。他尽力做到让学生自觉地领会教材，同时也使学生掌握独立思考的技巧，促进他们智力的发展。

第五章　知识的广度和掌握程度

怎么样传授给学生大量真正的、严谨的知识，同时又能保证他们知识掌握扎实？这个问题不仅困扰着我，也是其他教师非常关心的。在我所接触到的教育学和心理学著作中，没有找到这个问题的答案。

我们早就知道，要想知识掌握扎实，需要不断的复习。康·季·乌申斯基曾谈过这一点。我们现在也非常强调复习对于巩固知识的重要性。

确实如此。然而关于复习的作用问题，并不能回答我的问题，即在知识的分量很大，确切说，在知识面很广的情况下，怎样安排教学，才能巩固知识呢？

我想，我们有必要一起回想下，心理学和教育学都提出了哪些合理的复习教材的方法。

大家知道，乌申斯基把复习分为消极复习和积极复习，并且坚定地认为后者优于前者。他强调："积极复习比消极复习有效得多，所以能力强的孩子们本能地愿意采取积极的复习方法：他们读了一课后，合上课本，试着凭记忆把课文内容复述一遍。"(《记忆分析在教育学上的应用》) 这里的复习方法适用于家庭作业。学生在复习教科书里的某一段课文时，可能只是简单地一遍遍诵读（消极的复习）。但是学生也可以采用另一种方法：读两三遍课文后，试着回想。遇到想不起来的地方，再打开书重读一遍，接着再尝试回忆剩下的部分。这就是积极复习，乌申斯基提倡的这种复习，是正确的。

学生理解了所读课文，并能抓住课文中表述的各种思想之间的联系时，积极复习才能有效果。否则，学生把课本合起来，尝试回忆读过的课文，但是却可能对课文的内容并不十分理解：学生只是努力回忆词和句，而不去理解其意义。这是实实在在的死记硬背。

当然！理解基础上的积极复习才能带来好的效果。

明确理解课本内容，对保持良好记忆有非常好的作用，这对任何复习方法都是有效的，这一点已无须赘述。

还有哪些方法呢？

有的，比如，分时间段来复习。心理学研究揭示了分段复习与记忆书本知识的关系。伊·伊·沃尔科夫曾进行了这样一项研究，他将两组学生背诵短诗的情况进行了比较。第一组学生不断地重复这首诗，直到能一字不漏地背诵下来；另一组学生则是分时间段地复习，第一天把短诗读两遍，过一昼夜后再读两遍，此后每天读两遍，直到完全会背诵为止。在分时间段复习的情况下，学生平均只要读七遍，就能背诵出来；而在不断重复的情况下，平均需要读十八遍之多。

差别这么大啊！如果我们创造条件避免这种死记硬背，那么能节省多少时间啊。因为在教学过程中，学生需要经常复习定义及规则，如果能采用分时间段复习的方式，就能自然而然地记住了。

我们假设，教师懂得一些心理学研究的基本成果，并且也认真地执行教学论和教学法的建议。可是复习毕竟还是需要很多时间的，上哪儿去找这些时间呢？学生的学习负担非常重，这意味着，花在功课上的时间需要减少。出路何在？我们谈话伊始，就谈到了这个尖锐的问题，虽然我们探讨了各种改进复习的方法，来缓和这个问题，但是问题依然存在。这就是说，还必须探索其他的解决办法。

那么，单个问题的改进，并不能带来好的效果，需要进行根本的改变。

完全不复习是否可行呢？拿成年人来说，他们的所见、所闻、所做中，有很多都是未经过专门复习就能记住的。比如说，当我们读文学作品或者科普作品时，当我们看话剧或者是电影时，我们会记住其中的思想、人物、情节，很多年也不会忘记。实际上，我们读一篇小说时，并不一定会去背诵那些思想和事件。

确实，在日常生活中，记忆是以另外的方式进行的，而不是特意去复习。但是需要考虑到一种重要的情况：虽然我们成年人没有特意去死记硬背，但是对于我们所读到的看到的，我们是进行思考的，有时还会和别人交谈，交换自己的印象和看法。在交谈时，我们记忆中原有的那些思想、情节，就会再次浮现出来。这当然和学校里的复习不一样，但其实也是一种复习方式。

正是这样：不是特意的复习，而是去思考、去无拘无束的交流联系。

而成年人在自己的职业领域中，是如何独立地获得哪些知识，并且记住的呢？他并没有专门去复习那些已经获得的知识，但却往往能够牢记终生呢？

很重要的一个原因就是，人们经常需要用到这些知识，这样就会不断地再现原有的知识。同时，实际使用知识时，更有助于记忆的保持。

学生也会出现没有特意去复习的情况。比如说，在校外活动中，几乎从来不会去进行专门的复习，但是却能记住很多东西。即便是在学习活动中，也有不少内容是不需要专门努力就能记住的。例如，课堂上讲过的课文内容，参观旅行时的见闻，等等。

可惜的是，那些本来应该是自然而然能记住的内容，学生却一直在死记硬背。课堂上多次重复读同一篇课文（每堂课读5～6遍），即便不能全文背诵下来，也能部分背诵下来。以后当学生复述课文的时候，他通常是整段课文逐字背诵的。

必须制止这种做法。低年级学生这种逐字死记课文的方式，不仅妨碍他们对课文意思的理解，而且一旦养成这种习惯，等他们小学毕业升入高年级后，在掌握基础知识的时候就会受到严重不良影响。

在小学阶段，就应该对教材进行区分：一种是要一字不差牢记的，另一种是不需要逐字记忆的，而且，对后一种来说逐字记忆不仅不需要，而且应该予以否定。

我观察了小学的实际教学情况，发现并没有进行这种区分。相反地，当学生逐字逐句背诵课文，或者能大部分复述出课文内容时，教师会感到非常满意。

而心理学是如何看待我们刚才谈到的这些记忆方式呢？

当人们没有带任务进行记忆时，称之为无意识记忆。在这种情况下，没有什么意图，记忆是自然而然发生的。前面提到的文艺作品、戏剧、职业知识等得以保存在记忆里，就属于无意识记忆。即便人们没有给自己设定记忆任务，第一次的印象和以后的复习还是有用的。

还有一种记忆方式就是有意识记忆。顾名思义，在这种情况下，是预先就有记住某一材料的意图。人们给自己设定了专门的记忆任务，并采取各种方式方法，以求巩固记忆。我们在谈话开始时提到的那些记忆方法（例如分时间段来复习），都属于有意识记忆。

在无意识记忆时，需要什么条件才能尽可能保持记忆呢？

最重要的条件之一，是对有关材料进行思考加工。这一点已经被阿·阿·斯米尔诺夫的心理学研究所证明过。他的研究是针对成年人进行的，但是研究结果也适用于学生，包括低年级学生。

为了使被试者（即参与实验者）处于不同条件下，实验时采取了以下方法。在第一种实验中，给被试者六个句子，故意安排其中五句有拼写错误。让被试者把每个句子连读两遍，然后让他说句子有没有错误，以及有几处错误。随后，突然要求被试者回想出所有句子。第二种实验的结构方式与第一种类似。区别就在于，给被试者的句子有语义错误，要找出这些错误，需要进行比前一种更为紧张的脑力活动。被试者把每个句子读两遍后，需要说出这个句子在语义上是否正确。

在另一组实验里，则有意告诉被试者去记住上述两种材料。

当要求被试者指出拼写错误时，他们所能回想起来的数量，相当于有意识记忆所能再现的材料数量的 45%。而当要求被试者指出句子内容是否有误时，他们所能回想起来的数量，相当于有意识记忆时所能再现的材料数量的 104%。这就能看出来，两种实验结果之间的巨大差异。这些差异取决于脑力活动的性质。为了指出拼写错误，被试者不需要认真思考所读的句子内容，因此，对这些句子的记忆程度就比第二种情况下差很多。

这就是说，可能出现这样的状况：如果一个人深入思考所读课文的内容，那么即便他没有努力去记忆所读材料，仍然很容易记住。这一点很重要！

我很想知道，有没有人对低年级学生进行过类似观察和研究？

在 П. И. 任琴柯的研究中，指明了记忆的顺利与否取决于学生脑力活动的性质。当三年级学生解答过算术应用题以后，通常情况下，他们不记得题目中出现的数字（平均 15 个数字里，他们只记住其中 4 个）。而如果让学生自己编写应用题里的已知数，则对这些数字的记忆程度就会大幅提高（平均 15 个数字里，他们能记住其中 11 个）。在一年级学生中，情况有所不同：他们无论是解答应用题，还是自己编写应用题，都能很好地记住其中的数字（平均 15 个数字里，他们能记住其中 11~12 个）。

这种差异可以用以下理由来解释。一年级学生在解答算术应用题时，处理数字是一项独立的、有明确目的的行为，而对于三年级学生来说，这已经是一种熟练的技巧性行为。因此，在解答应用题时，一年级学生就比三年级学生记忆程度高很多。而自己编写应用题，无论对于一年级学生来说，还是对于三年级学生来说，都要求进行积极的脑力活动。因此，在自己编写应用题时，一年级学生和三年级学生所记忆的数字就没有什么差别。

关于材料与保持记忆的关系，还有什么别的特点吗？

心理学研究中，有一个非常重要的事实：对课文的第一次阅读或者对客体的第一次感知，对于记忆的保持具有非常重要的意义。也就是说，如果学生把希望寄托在复习上，而在第一次阅读材料时不去注意深入思考内容，那么对于记忆是非常有害的。

需要指出的是，在教学实践中，不仅仅是学生，连教师也会经常指望着后面的多次复习，因而没有重视对教材的初次认知。

从这里看出，材料在保持记忆中起着多么大的作用啊！复习不过只是巩固记忆的条件之一。这个结论具有重大的意义，看起来，它应当促使学校在实践中发生根本性的变化。

为什么在教学论和教学法书籍中，几乎没有提到过这些巩固知识的根源，而一直在重复强调复习呢？

之所以出现这种情况，很大程度上是因为教学论特别是教学法里很少运用到心理学研究成果。然而，心理科学中积累的事实，能够帮助教师更好地理解学生知识掌握的进程。如果这样，将为教学方法的探索与完善找到正确的方向。

那么，复习对于学生知识与技巧的掌握，以及对于学生的发展，会不会反而会起消极的作用呢？

众所周知，教学论和教学法赋予了复习非常重要的意义，因而您的问题让人觉得非常奇怪。不过，我们先不用屈服于权威说法，来听听科学事实的声音。事实使我们得出这样一个设想：滥用复习会阻碍学生的发展。这样的设想源自苏联教育科学院普通教育学研究所教学和发展问题实验室。他们对数千名小学生的发展进行了调查研究，其中有些班级的教学工作是按照实验室制定的新的实验体系来的，而有些普通班级还是按照传统教学法进行的。在实验班里不进行多次的、单调的复习，而普通班的学生则多次复习同一个材料：在学习过程中复习，在结束后还要复习，在学季末复习，在学年末还是要复习。新学年开始后，学生还是要复习同样的材料。将两个班的学生学习结果进行比较，会发现实验班学生的水平比普通班的学生要高得多。

怎么对学生进行比较呢？

比如说，我们把实验班二年级学生和普通班二年级学生甚至是三年级学生放在一起加以比较。结果表明，实验班二年级学生的水平大大超过普通班同龄的学生，有时甚至超过了三年级学生。

但是，毕竟影响学生发展的，不只单调复习这一个因素。实验班的教学还有一些其他特点也会有影响。

完全正确！事实也的确如此。因此我曾强调，单调的复习是否阻碍学生发展，这只是一种假设。然而这种假设在很大程度上有可信性。

是否进行过研究，发现一些复习教材的新方法呢？

是的，进行过。其中包括刚才提到的研究，这就是研究了教学和学生发展的相互关系。在小学教学的实验体系中，一般意义上的复习已经不存在了。

您是怎么理解"一般意义上的复习"呢？

这是指有意地、专门地把学过的教材再现出来，只不过形式上更简洁。

例如，在学习《重读音节和非重读音节》一课时，在学年末复习课的时候给学生的练习题，和学习新课时的题目，性质上并没有什么区别。在学习这一课时，经典的练习题就是让学生抄下句子，填上漏掉的字母，并把括号里的空白的词填进去。而到了年终复习时，只要求学生抄写下句子，补上漏掉的字母。

是的！确实是这样，在学习新教材时所做的练习，和复习课上所做的练习，性质上并没有什么区别。只在难度上有一点区别，即复习时的练习反而比新课时的更简单了。当学生新学这个课题时，不仅要求他们补上漏掉的字母，还要求填上括号里的空白的词。一学年过去了，学生获得了一年级学生所应当掌握的知识、技能和技巧。按理说，就学过的材料出的练习题，应当比学新教材时的练习题要复杂，而其实结果正好相反。

怎么才能既完成广泛的教育任务，又发展学生语文和数学方面的技巧呢？

对于学生的发展，应该有系统地、有目的地进行。经证实，与发展水平低的学生相比，发展水平高的学生能够更顺利地掌握字的正确写法，并与有关规则进行对照，而且总的来说，他们掌握知识和技巧的质量也更高。

知识的广度能促进学生的发展，同时也能促进知识和技巧的巩固，而不需要过度强调单调的复习。

我在低年级任教多年，自己也尝试过采用合理的复习方式，不过需要说明的是，我们的这次谈话迫使我对教学法的革新进行认真思考。只有一点我很困惑：我们会不会低估了复习的作用？会不会形成这样一种印象，好像把复习完全推到了无足轻重的地位上去了。

我觉得，最好明确下我们在谈什么话题。我们并不否认，复习是巩固知识的途径之一。但只是其中一种途径，而绝不是唯一。只有合理进行复习，才能起到正面的作用。关于这一点，我们已经谈过了。

很显然，教学方法需要改进。我们今天谈话中提到的科学研究，也可以对其改进的性质和方向提供参考。但最好能举出一个例子，以便有一个具体的了解。

我们来举一个具体的例子。学生们掌握了"词根"和"同根词"的概念后，就会出现"后缀"这个概念。学生为了掌握这些概念，做了各种各样的练习题（区分词根和词缀，借助后缀组成新的词，在由词根和后缀组成的名词词根下划线等），他们不需要专门的复习，就会再现"词根"这个概念。随后，学生们学习"前缀"和"词尾"这两个概念。在学习词的构成的每一个阶段，学生都会遇到"词根"这个概念，而每一次这个概念都伴随着新的内容出现。这样的学习方法能够引导学生越来越精确深入地掌握这一概念，并牢牢记住。因此，这种方法比多次复习概念的定义以及让学生挑选单一性质的例句的做法，更能达到高质量掌握概念的效果。

这里提到的事实，和围绕它们进行的讨论都是非常有意义的。这些事实表明，要牢固掌握知识，很重要的一点是要对教材进行认真思考。其次，不仅仅要思考，还要从各个角度，从各种联系中理解教材。"词根"这个概念本身并没有变，但是越来越多的新内容在充实着它。学生在这个概念中不断发现某些先前未知的内容。

我们谈论的许多问题，都让我印象深刻。需要承认的是，我曾经一直是所谓"一般意义上的复习"的拥护者。而现在，我也开始怀疑，开始思考，也许真的能找到一条巩固知识记忆的新途径。但是我对此并没有很确信。为什么要这么费劲？不如简单点：教过一个课题，就让学生复习，到学季或学年末，再让学生复习。也许，这样复习比其他方法更省事？

不过，您知道，图省事不能当借口！用一座犁，套上一匹马，就可以来耕地了！不用设计和生产拖拉机，也不用训练人开拖拉机。但是所有这些看似复杂的过程却可以得到百倍的回报。至于说到浪费时间，则不能简单地用算术来计算。也许，我们花费的时间比较多，但是事半功倍。而现在采用的这种普通的复习方法要花费大量的时间，从这一点来看，它并不合算。

我想知道的是：我们提到的这些复习教材的方法，是否在数学教学中运用过？

是的，运用过了。当学生学习十以内的加减法时，根据教学和发展问题实验室设计的教学法，先让学生掌握"和"与"被加数"的概念。然后学生会学习到，减法与加法是有一定联系的。教师先从简单的例子开始讲解："经常有这样的情况，我们已知和与一个被加数，而另一个加数是未知的。米沙的手里有8颗纽扣，他张开左手，我们可以看到左手里有3颗纽扣（教师张开左手，让学生看到手里的3颗纽扣），可是米沙并没有给我们看他的右手，他的右手紧握着，像这样（教师把右手握着，学生看不见他手里有几颗纽扣）。也就是说，我们知道了和（8）与一个被加数（3）。我们不知道另一个加数。我们该怎么知道米沙右手里有几颗纽扣呢？"接着，学生们就开始讨论（在教师的帮助下）：如果说两只手里有8颗纽扣，那么就意味着，这个数（8）包含米沙左手里的3颗纽扣。要想知道米沙右手里有几颗纽扣，应该从8颗纽扣里去掉左手里的3颗纽扣。

又通过其他几个例题，让学生获得了减法与加法的联系的概念。然后用词句加以描述："当根据已知的和与一个被加数，求另一个加数时，就用减法。"

而按照一般的做法，怎么复习这些知识呢？

如果按照一般意义上理解的方法，也就是说按照传统教学法的要求来复习，那么教师就会这样问学生："如果根据和与一个被加数，来求另一个加数，应该进行哪一种运算？"为了加以补充，教师可能再提出这样的问题："我们知道，两个被加数的和是9，其中一个被加数是5，现在要求求出另一个加数。"学生应该回想起以前学过的规则，用曾经学过的方法来完成习题。

在实验小学教学体系中，当学生到了积累其他知识和技巧的阶段，也还会回头再用到以前学过的材料。学习新的知识和技巧，使学生有可能在记忆中再现以前学过的知识，但这并不是简单的重复，而是从一个新的角度来看旧材料。旧材料在学生记忆里重现，但同时又是以新的形式出现，用来帮助解决新习题。

我很想具体知道这种复习方法。

让我们再回到刚才所说的事例。学生已经获得了关于减法和加法的联系。然后，到了第二学季，一年级学生会用拉丁字母"x"来表示未知数。

也可以用这个方法来表示未知的被加数：$2+x=6$；$4+x=9$，等等。稍后，让学生解答一系列的加法题，这些题目中的第一个加数都相同，分行排列如下：

$8+3=$

$8+4=$

$8+5=$

$8+7=$

$8+8=$

$8+9=$

学生把题目都解答出来了。于是,教师建议他们从第一行起,把每一行所得的和都跟下面一行所得的和进行比较。学生会发现,每向下一行,所得的和就比前一行的和大1,只有第三行和第四行是例外,第四行所得的和比第三行所得的和大2。这时,教师就会问:"每向下一行,所得的和就比前一行的和大1,只有第三行和第四行是例外,第四行所得的和比第三行所得的和大2,这是什么原因呢?"学生仔细观察这些例子就会发现,和别的例题不同的是,是第四行的第二个被加数比第三行的第二个被加数大2。于是学生可以得出结论:两题所得的和有差别,是因为两题的第二个被加数有差别。

后面又怎么样呢?

现在我们把话题直接转到复习这一问题上来。教师建议学生们编一道题,补在第三行和第四行之间,真正做到每向下一行,所得的和比前一行大1。在这里,学生利用了未知数可以用字母 x 来表示的新知识。所缺的一行的和是14。第一个被加数也是已知的8。第二个被加数是未知数,可以用 x 来表示。于是得出所缺的一行是:$8 + x = 14$。这时需要求出 x 等于多少。和数14是由两个加数相加所得,即8和 x。也就是说,从和数14里减去8,就能求出 x 等于几。这样就得出所缺的一行:$8 + 6 = 14$。

我还不太明白,我们已经知道,以前的教学法也要求在复习的时候结合旧材料增加某些新内容。这里介绍的复习方法,和以前的教学法有什么不同呢?

乌申斯基曾经这么写过:"在每一次复习时,教师都应该把新的知识点编织到学生已有的知识网络中去,或者是讲解以前有意留下的未讲解的知识,或者补充以前有意未讲解的某些细节……"

这些建议都是合理的,在复习时加入新的因素,当然比单纯地再现学过的知识有用得多。

但是实验小学教学体系所用的教学法则大大前进了一步:无论是在新知识的获得上,还是在安排新习题的解答时,都一定让学生用到以前学到的知识。学生在回顾以前的知识时，同时也向前迈进了一大步：以前学的知识是以另一种形式呈现出来的。在学习前缀和后缀的时候，学生就会回想到"词根"和"同根词"的概念，而这两个概念就更加丰富了。现在，同根词就不仅仅是"具有共同的部分并且意义相近的词"，而且它们在含义上的区别也更突出了（例如：приходить 走来、уходить 走去、переходить 走过，等等。）

如果将实验班里采用的俄语和数学教学法与传统教学法进行比较，那么显然可以看出它们之间的巨大差异。

有一种现象值得我们注意。普通班的学生掌握知识和技巧的范围，与实验班的同学相比要窄得多，虽然普通班不断地在复习学过的教材，但知识掌握的质量和牢固性都更低。怎么会造成这样的状况呢？

按照传统教学法进行教学的情况下，知识的传授多半是单独进行的，而没有纳入一个广泛的体系。而心理学研究已经表明：如果各个因素之间没有联系或者联系甚少，那么就不能长久地保存在记忆中，因此不得不进行大量的复习。所以尽管对学习过的教材进行大量的复习，却还是很容易遗忘。在实验班里，注意了各因素之间的有机联系，注意了这些联系之间的多样性和多方面性，形成了"结合紧密的"系统，所以知识能够牢固地保持在学生的记忆里。

根据本次谈话的结果，我们有足够的理由来回答开头时所提出的主要问题，即怎样才能传授给学生大量真正的、严谨的知识，同时又能保证他们知识掌握扎实？按照广泛流传的教学论和教学法观点来看，要保证知识掌握扎实，就必须限制知识的范围。学生学习到的知识越多，所需要复习的时间就越多，只有复习才能保证牢固记忆住知识。但是我们的谈话还得出另一个结论。请回想下我们谈论的关于俄语学习的情况。"词根"和"同根词"这两个概念，学生们并没有经过大量的单调的复习就能牢固地掌握，这是由于它们在学生的意识中跟"前缀""后缀""词尾"等概念联系起来，学生理解得更加深刻、精确。学生之所以能够理解并牢固地掌握关于减法与加法的联系，掌握有关的知识和技巧，是因为学生积累新的知识，完成以前没有做过的练习的结果（编写所缺的一行例题，求出 x 的值）。这也就意味着，在俄语或者数学课中，知识的巩固性都不是靠大量的复习得来的，而是靠知识的广度来达到的。

应该再次强调的是，知识的广度并不是单纯地意味着知识的体量宽大。最重要的是知识之间本质上的联系，例如"词根""前缀"概念之间的联系等。如果在教学过程中循序渐进地、恰当地揭示出其中的联系，那么这些概念就会形成一个严整有序的体系。在这个体系内对个别概念进行划分，这样宽广的知识面就不仅为知识的掌握提供良好条件，也有利于知识的巩固。学生在有机的联系中获得更多的知识，效果会比单调的复习好得多。

第六章　劳动教学

劳动教学在学校教育中占有特别重要的地位。劳动的特点就是将脑力活动和动手操作结合起来。

看来，这正是劳动教学的多方面性的来源。劳动教学里，既包括掌握一定的动手能力和技巧，也包括了解材料的某些性能。精确而认真地完成一件作品，合理地使用时间、材料和工具，都具有重要的意义。劳动教学过程中，还能培养一些宝贵的个人品质，比如学会集体劳动、热爱劳动、坚持克服困难等精神。在我们这次简短的谈话中，自然无法涉及劳动教学法的各个方面，毕竟我们的任务也不在此。我们是不是该集中地讨论其中几个重要的问题。

劳动教学是在学生制作物品的过程中完成的。一个重要的问题就在于，学生是怎样制作物品的以及这个过程是怎么进行的。我指的是教学法和教学法观点：教师的指导和学生的独立性之间关系如何？还有另外一个与前者有机联系的重要问题：怎样进行劳动教学，才能在学生的发展上取得最好的成果？

为了弄清这个问题，我们应该回顾一下之前的情况。多年以来占据统治地位的所谓的分工序教学法，即一件指定物品的制作，要按照一系列程序来依次完成。教师展示并说明，怎样完成第一道程序，当第一道程序完成后，进行下一道程序的展示和说明，直到整个物品制作完成。

在这种方法下，实际上是将学生的独立性和创造性抹杀了，学生在教师的口授下完成物品的制作。

采用分工序教学法取得的教学效果是独特的，确切她说，是令人可悲的。正如特·恩·巴尔科娃、叶·符·古里扬诺夫和奥·斯·卡兰杰耶娃进行的研究所表明的那样，在课堂上完成任务和让学生独立地完成任务，两者之间差别很大。学生在课堂上完成的作业既准确又认真，让人愉悦。然而同一批学生，让他们在课后，即没有教师指导和解释的情况下，学生完成的作业就会毫无章法。

后来曾经尝试吸引学生进行思考，并集体讨论制作物品的程序，说明工作时需要使用哪些材料和工具。

我曾经对这些尝试很熟悉。如果深入地分析一下所建议的操作过程，就会明白，这种做法离让学生独立做出未来工作的计划还很远。学生先把自己的意见说出来，教师挑选出其中的正确答案，并写在黑板上。这样一来，虽然教师也听取了学生的意见，这其中既有正确的，也有不正确的，但是归根到底还是按照教师抄写下来的计划来制作物品的。这里表面看上去，学生有一定的独立性，但实际上还是按照既定的步骤来进行的。只不过不是教师用分工序进行口授的方法，而是通过书面形式指出所有工序的既定次序。这是朝着我们所希望的方向前进了一小步。但是对于劳动教学法，从让学生独立做计划的意义上来说，并没有带来根本性的改进。

还需要注意的是，学生在教师的指导下学习分析物体的样品，学习把样品、零件与教师挂在墙上的现成图纸进行比较。

这就意味着，当学生在教师的口授下弄懂计划的时候，已经花费掉很多时间了。

从图纸开始，确定制作物品的计划，这种做法似乎是好的。但同时我觉得，教育上有些失误，可是我也无法说清，失误在什么地方。

我认为，失误之处就在于照搬了生产部门的工作过程。

这有什么不好呢？毕竟劳动教学也应该参照工人的劳动过程。

当然，现代化劳动过程具有某些相同的典型特征，在建立劳动教学法时需要考虑到这些。但是为什么从一年级开始就让学生看图纸，并且教学生一些技能，比如分析样品，把样品、零件与现成图纸进行比较？此处生教硬练的现象太明显了。难道不能让学生完全独立地设计未来的作品吗？

经验表明，让学生独立制订简单物品的计划，这在一年级时就可以做到。

我们最好了解下，具体怎样给学生制订物品制作计划。因为这样来安排劳动教学，可以让学生尽可能独立地计划眼前的工作，这一点是很重要的。如果能够做到这一点，学生将会得到明显的进步与发展。

让学生制订计划，就是让他们提出应当完成哪些程序，以及按照什么顺序来完成这些程序。这要取决于所制作物品的构造情况：它是由哪些部分组成的，这些部分之间是怎样相互联系的？这就意味着，要制订出制作物品的计划，必须分析学生们所建议的模式。

我们举一节课为例，在这节课上，学生制作一个纸质降落伞的模型[①]。讲台上放着几个现成的降落伞模型，女教师将模型展示给学生看，指出降落伞的各个部分，把名称写在黑板上。然后，女教师把模型发给各排学生传看，让学生自己观察。学生观察模型的时候，也在脑子里形成了各个部分之间的联系，这样在制订作业计划的时候，就可以从这个模型出发。

首先，自然会出现一个问题，就是应该从哪一步开始制作降落伞。

女教师：我们从哪里开始做呢？

嘉莉亚：从伞顶开始。

女教师：我们一开始应该做什么？

嘉莉亚：我们应该剪四张小纸片，把它们贴在一张大的纸上。

女教师：是不是应该从这里开始？

[①] 课时计划由伊·伊·布德妮茨卡娅设计。

舒拉：应该拿一张纸，用剪刀剪掉多余的部分。

斯拉瓦：应该先做出一张正方形的纸。

女教师：这就对了！

女教师：我们接下来要做什么？

塔尼亚：应该把正方形的纸折成三角形。

女教师：这些线条叫什么？（用手指着图）

安德柳沙：对角线。

女教师：怎么才能折出对角线呢？

安德柳沙：应该折成角。

女教师：什么角？

安德柳沙：对角。

女教师：好的。然后应该做什么？

柳霞：我们要用纸剪出一些小方块，好把棉线粘在上面。

女教师：大家仔细看看吊绳。你们看见什么了？

谢廖沙：看到四根同样长的棉线。

斯拉瓦：线的长度大致相当于伞顶宽度的4倍。

女教师：太好了，斯拉瓦！观察得很好。一开始我们先大概确定下棉线的长度，然后在拴下面的重物时，保持棉线长度一致。我们该怎么样把拴吊绳的那些小方块纸粘贴上去？粘贴在哪一边呢？

娜塔莎：粘在里面……

伊拉：降落伞应该是有棱的一面朝上。所以小纸块应该贴在里面。

女教师：在贴吊绳的时候，还应该注意什么？

伊拉：用糨糊把吊绳粘在小的纸方块上。

女教师：要怎么把它们粘起来呢？

科里亚：粘在四个角上。要使这四个角与伞顶吻合。

女教师：要使伞顶的四个角和小方块纸的角相吻合。而吊绳朝哪个

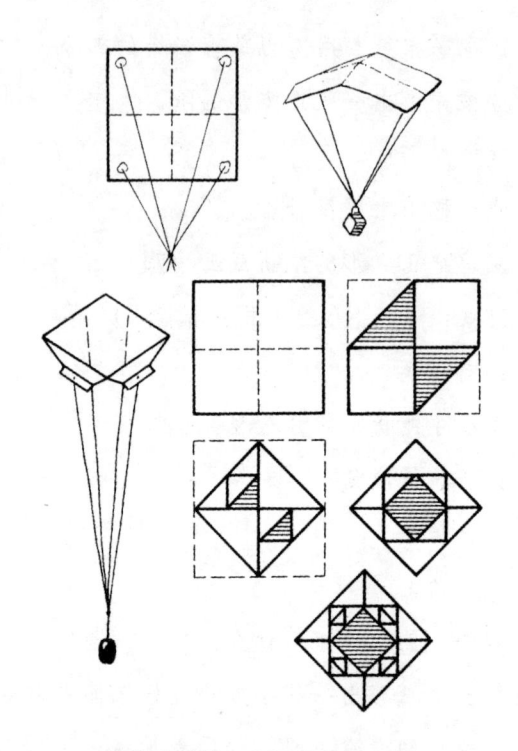

降落伞模型，上图为简易方案

方向拉呢？

尤拉：都是一样的，都从边上往下拉。

安德柳沙：朝角上，朝对角线的尽头往上拉。

女教师：然后呢？

米沙：在底端把吊绳打个结，然后再拴上重物。

女教师：一拴上重物就可以放下了吗？

米沙：不行，应该稍微等一等，要等糨糊干了。否则，糨糊粘不牢，吊绳就会脱落。

女教师：好，就这么做。

因为从一年级开始，学生就开始分析样品并计划眼前的工作，所以这些过程具有一定特点。从上面所引的课堂片段来看，在分析样品时，教师需要给予帮助，说出模型的各个部分名称。计划的制订是由一道工作程序向下一道程序进行的。到后来，学生能够做到独立地分析和预先制订物品制作的整个过程的计划，不断向下一个阶段进步。根据任务的复杂程度和其他条件的不同，教师指导和学生的独立性两者之间的关系，还可能有不同的具体方案。

这节课的突出优点就在于，在教师不过分的干预下，学生能够自主地一步接一步地前进，计划出制作物品的过程。但是同时我还不太明白，女教师怎么样才能了解，是否每个学生都理解了这个工作计划呢？

教师一直在关注着学生们：他们是否听懂了其他同学的回答，他们是否意识到教师对错误回答的不赞成态度，等等。在必要的地方做停顿，给成绩较差的学生时间以搞清楚计划，有时候教师还会对他们进行辅导帮助。然后再继续向下一步进行。

在您的讲话过程中，我一直在思考，劳动教学法上有两种截然不同的教学方式。一种是学生通过不断重复而习得，另一种主要是靠学生自己找出正确的操作方法。当然，在第二种情况下，教师并没有放弃指导学生的权利。教师敏锐地观察着学生们，并在学生需要的时候给予帮助。

需要承认的是，我从来没有在劳动课上得到过满足感。我明白，在劳动课上，学生可以锤炼道德品质，可以学习到技能技巧，可以得到很大的进步。但是我始终感觉，劳动教学法里好像缺失了什么。毕竟劳动教学由于其本身的特点（脑力活动和动手操作相结合），本来能够在其他学科无法达到的方面做出巨大的成绩的。

在劳动课上，学生分析的是具体的实物，而不是像在俄语课或数学课中，是和词语、句子、数的关系和运算打交道。因此，劳动课对于低年级学生来说更亲切，他们可以在更大程度上依靠生活经验来判断。我们应该利用这种可能性来发展学生独立思考的能力，锤炼学生的意志品质（制作物品需要计划，工作需要认真、精确、坚持到底）。

采用这种教学方法，可以给学生提供足够的独立活动的可能性，但他们也就会经常犯错误。这也许是劳动教学的一个缺点所在吧？

在教学法（不仅仅是劳动教学法，也包括俄语和数学教学法）中，总是尽一切可能避免学生犯错误。当然，在知识掌握和技巧学习的过程中，放任自流的态度是不对的。但如果学生明白应该做什么和怎么去做，只是在完成的过程中犯一些错误，这倒并不可怕。更何况，这些错误反而有助于学生意识到，怎么做才能正确地完成任务。有句谚语是这么说的："要想学会游泳，就必须得先下水。"这句话不仅对于劳动教学，而且对于所有低年级的教学方法来说，都是大有裨益的。如果总是用一根绳子牵引着学生，他们就会长成意志力不坚定、消极被动的人。当他们升入高年级以后，面对必须独立掌握的复杂教材内容时，就会显得束手无策。

我们回到学生制作降落伞模型的课堂上来。当教师看到学生需要帮助的时候，她就提出一个问题："我们接下来要做什么？"当某个学生的回答不正确时，教师就会让他明白，他的回答是不正确的；而当他做出这样的回答（"应该先做出一张正方形的纸。"）时，教师就会给出肯定的评价（"这就对了！"）；在学生无法说出正确答案的时候，教师就会自己给出正确的答案，并把学生的回答继续说完（"一开始我们先大概确定下棉线的长度，然后在拴下面的重物时，保持棉线长度一致。"）。正是得益于这种教学风格，课堂的氛围才会比较好，没有什么问题（"你懂了吗？你说说看！"），没有多次重复。

在后半节课上，当学生已经在做模型时，教师就向其他学生提问，而不再问那些之前已经回答过的学生。这样子，就能使所有学生在计划和制作物品时有机会发表自己的意见。当学生提出的程序不正确或者不准确时，教师就会请另外一个同学来纠正，或者教师自己给出指点。比如说，当进行到要做出四块粘贴吊绳用的小正方形纸片时，有一个学生说要先裁出一条两边均匀的纸条，再把它分成四段。女教师就会对他说，这样子裁出来的可能是长方形，而粘贴吊绳需要的是正方形。

劳动教学法这种方法的特点就在于，教师从制订计划到物品制作，从具体进程出发运用了各种各样的教学方式，并充分考虑到学生可能会遇到的困难。教师并不是直接将现成的操作计划和完成工序的方法和盘托给学生，而学生只要照着样子完成交代的任务，这里没有那种照搬照抄。在我们本次谈话开始之初就曾明确说过，有时候学生的独立性只是一种表象，而事实上并不存在。教师需要十分敏锐，才能分辨出学生是真正地在思考，还是表面上回答出问题，而实际上是间接或直接从别人处获知的。

劳动课还有一个闪光点，就是内容的丰富性。正是因为技能掌握和技巧训练在这里占据了很重要的地位（也应该如此！），就有可能在制作物品时，忽略了结合学生接触的物品和过程，用相关的知识来丰富他们的头脑。

问题的复杂性在于，需要避免两种极端：既不能让劳动课变成单纯的技巧技能训练课，也不能把劳动课变成专门的研究材料属性，采用哪种方法更为合理等的讨论课。

无论是对于劳动教学，还是对于学生的发展来说，有两件很重要的事：不仅要让学生独立分析样品、计划眼前工作，还要将实际操作和某些物理现象结合起来。这在低年级已经有可能实现，而在以后，在高年级更应该充分地展开。

看来，在低年级，只能以最基本的形式教授学生某些物理现象的知识？

当然是的！但是把认知活动与劳动行为有机地结合起来，这一点具有原则性的意义。从一开始，就要给学生"定好调子"：不仅要操作，还要对制作物品时所观察到的现象进行思考。

我们以小学二年级的一节课为例，这节课的主题是制作"听话的小鱼"[①]。"听话的小鱼"做法如下：取一只生鸡蛋，在大头敲一个小洞。把蛋清和蛋黄都倒出来，只剩蛋壳。用蜡把油纸封在蛋壳的小洞上，再用针在油

---

① 由伊·伊·布德妮茨卡娅设计。

纸上刺一个小孔。在蛋壳的尖的一端画上小鱼的眼睛和嘴巴。再将一块绒布对折成双层，裁出一块做小鱼的身体，用针线将布的边缘缝合起来，做成小袋子形状，保证蛋壳的粗的一端能装进袋子里，装到整个蛋壳长度的三分之二即可。然后把小鱼的身体粘贴在蛋壳上，这样子就做成了"听话的小鱼"。

把小鱼放进一个有水的大容量玻璃瓶里（容量一公升）。需要注意的是，要将小鱼的头浮在水面上，而身体部分浸在水里面。在小鱼尾巴上插几根大头针，就可以做到这一点。将玻璃瓶里加满水，然后用一片橡胶薄膜把瓶口封紧。现在只要用手按一下橡胶薄膜，小鱼就马上潜入水底，手松开，小鱼又会浮上来。

解释"听话的小鱼"的原理并不难。在水面和橡胶薄膜之间有少量空气存在，当我们用手按橡胶薄膜时，其实就是在压这部分空气，空气又会压缩水，水就开始压缩蛋壳。这时，一部分水就进入蛋壳里，小鱼变重了，自然就会沉到水底去。一旦手离开橡胶薄膜，水的压力就恢复到原样。空气把水从蛋壳里排挤出来，小鱼就会浮起来。

在这里，学生的认知活动体现在什么地方呢？

学生不太费劲就能确定教师按压在橡胶薄膜上的手和小鱼的活动之间的关系。通过教师所提出的问题，学生在某种程度上能够弄清楚发生变化的原因：水穿过小孔进入蛋壳，小鱼就会下沉。

这一点从课堂记录中可以看得更清楚更具体。下面我引用几段课堂记录，以便更清晰地反映学生是怎么弄清楚"听话的小鱼"沉浮过程的。

　　女教师：请大家看清楚，蛋壳上的洞是怎么做的，我要看看哪位同学最聪明，最会观察。

　　舒拉：我看出来了。油纸上戳了一个小洞。

　　女教师：太棒了！观察得很好。你们想想，为什么要有这个小洞呢？

　　阿尼亚：是不是因为，水往那里流。

女教师：如果有很多水流进蛋壳，会怎么样呢？

嘉莉亚：小鱼就会下沉。

女教师：可是为什么小鱼后来又会重新浮上来呢？

嘉莉亚：因为水流出来了。

女教师：大家是不是都明白了，为什么小鱼先是下沉，然后又浮起来？

科里亚：我不明白……为什么水一会流进蛋壳，一会又流出来呢？

女教师：真聪明！大家看，科里亚对为什么发生这种现象感兴趣。是什么让水一会流进去，一会又流出来呢……

课堂上花费这么多时间谈话，是否合适？劳动课上，学生应该动手操作，而不是推理、设想、弄清楚现象背后的原因等。

那样的话，劳动课将会枯燥乏味，无论对掌握劳动技能来说，还是对于学生的发展来说，效果都会大打折扣。

您可能没有注意，在这堂课的讨论中，将对物理现象的分析与物品的制作方法有机地结合在一起了。比如，我们就以制作降落伞那节课为例吧。

女教师：现在把你们的降落伞按对角线折起来。在正中心，把最小的尖端剪掉。（学生照做了。）现在，安德烈，把你的降落伞放下去。（降落伞平稳地降落，学生们高兴地鼓起掌来。）为什么要在顶端有个小洞呢？

塔玛拉：如果没有，降落伞就会翻过来。

女教师：为什么呢？

马利克：因为要让空气通过。

女教师：现在大家来看看，我来展示下。（女教师一只手拿一个降落伞，伞顶上面垂着一块橡皮，另一只手单拿一块橡皮，同时放下去。）为什么第二块橡皮一下子就着地，而第一块橡皮却缓缓地下降呢？

舒拉：降落伞有纸撑着。纸很轻盈，所以能飘起来。

女教师又拿起一张纸，竖着放下去，同时拿起一顶带重物的降落伞放下去。

斯拉瓦：纸落下去很快。需要撑住。

女教师：靠什么撑住呢？

斯拉瓦：靠空气。

女教师：那是什么撑着降落伞呢？

斯拉瓦：空气。

女教师：为什么空气能撑住降落伞，而不能撑住纸张呢？

谢廖沙：降落伞上的纸有弧度，像一个小碗。空气进入，所以能撑住。

女教师：那为什么要有这个小孔呢？

谢廖沙：空气太多，降落伞就会翻过来。

伊拉：从小孔里排出多余的空气。

女教师：降落伞从很高的地方下降，会有很多空气进入，会导致降落伞翻转甚至破裂，所以要在伞顶开一个小孔，让多余的空气排出去。

确实是的，即便是对制作物品的最基本的物理现象的认知，也能让学生对工作过程有所思考。这样安排劳动课的教学，不仅能提高劳动技能的质量，而且能促进学生的一般发展，因为实际操作与思考活动有机结合起来了。

还需要补充的是，一般发展的进步也有利于完成劳动操作。我们为了研究学生的工作过程进行了一些专门的作业，其结果也验证了这一点。作业是对每一个学生单独进行的，这样能够仔细观察到每一个学生制作指定物品的全部过程。我们要求学生照着样品用硬纸制作一个小盒子。他们在之前的课堂上还没有做过纸盒子，所以这个作业对于他们来说完全是新的。我们给二年级的学生一个现成的盒子作为样品，再给他一个固定尺寸的长方形硬纸。负责作业的老师对他说："你仔细看看这个盒子（样品），要做得和它一模一样。"

关于如何计划近期的工作，我们已经讨论过了。现在我们感兴趣的是，制作物品的过程本身，特别是学生怎么意识到所犯的错误以及他们是如何改正的。

一般来说，实验班的学生在制作盒子的过程中，已经能发现自己犯的错误并进行纠正。而普通班的学生，大多数情况下意识不到自己所犯的错误。实验班的学生在一般发展上远远地领先于普通班的学生，这一点表现在他们有很好的自控能力。

学生的理解能力也存在较大的差别。在学生完成作业后，请他对作业的完成过程做一个口头汇报，就能看出他的理解程度。

实验班的大部分学生能说出他们所完成的操作的名称，还能指出每道工序在一系列工序中的地位。因此，我们可以得出一个结论，学生对他们完成的工序是完全理解的。

比如说，实验班的学生在做完纸盒后是这样叙述的："应该先把纸裁成正方形，然后对折一次。展开后，换一边再对折一次。然后，把纸的一半再从一边对折，接着从另一边对折一下。剩下的一对也这样各自对折。现在我们要在四个角上的小正方形的折痕上剪几条缝。两个小正方形在一条边上剪一条缝，另外两个在另一条边上开缝。再在小正方形的外面涂上糨糊。然后把第一个涂有糨糊的小正方形压在一边的小正方形的折痕上，另一边也同样用糨糊粘住。其余的两个小正方形用同样的方法处理。纸盒就做成了。"

普通班的学生，只有不到一半的同学能正确做出这样的口头汇报。大部分学生在叙述制作过程时，都会遗漏某些程序。

在劳动教学中，应该对那些技能和技巧给予严格要求，比如说：按规定的方式折叠纸张，按画好的线平稳地剪裁，在纸张或者其他材料上均匀地涂糨糊进行粘贴，等等。但是我们的谈话里没有涉及这方面。

　　毫无疑问，掌握技能和技巧是非常重要的任务。但是不能过度强调这一点而忽略了其他，比如学生对自己动手操作的理解，学会自我控制，对眼前的工作做计划等。在教授学生技能的同时，当然也要探索和运用合理的教学方式。我们今天谈到的对待劳动教学的两种观点是有根本区别的，不是同一回事情。这样的或那样的学生，在技能和技巧掌握上是没有太大差别的。但是在计划眼前的工作、理解自己的操作、自我控制等方面，实验班的学生遥遥领先。在这些方面，劳动教学既对学生的一般发展产生影响，同时也为高质量地掌握劳动技能打下了基础。

第七章 在美的世界里

你们是否愿意听一篇关于冬天在野外游玩的儿童文章？我想，这篇文章可以帮助我们来讨论关于儿童对美的感知，和引导他们走向美的世界的重要问题。

很好的建议。我敢说，大家都同意这个建议。

当然！同意！

太好了！请您读读这篇文章吧。

这是一个三年级的女生写的，她作文的题目是《冬日的早晨》。

"东方地平线上红霞一片。白雪泛着耀眼的光芒。银色的霜在树枝上闪闪发光。整个树林银装素裹，快乐地朝太阳微笑着。空气清新，万里无云。稍微碰一下树枝，钻石般的雪花就会纷纷落到你身上。远处是一望无际的雪原。你也可以站在林间空地上，尽情欣赏这冬日早晨的美景。"（新西伯利亚，第一寄宿学校）

的确，这篇文章能说明很多问题。我们需要注意儿童对美的感知，他们是如何遣词造句表达对美的印象。

为了能对上面两个问题有正确的判断，应该了解一下，作文是怎么写出来的。有作文提纲吗？在写作前是否有专门的准备，比如讨论内容、搜集词汇、做正字法训练等？

没有作文提纲。写作文前也没有任何形式的准备。如果作文是按照提纲写的，并且事先做了相应的准备，那么，自然就不能反映出儿童的感情和思想，也不能反映出儿童对自然世界的美的新鲜感知。事情是这样的：在一个晴朗的冬日早晨，学生从树林里游玩回来后，在教室里开始写的作文。

这一点显而易见。这篇作文似乎散发着学生的印象和感受的芬芳气息。

值得一提的是，这位女孩子，就是这篇文章的作者，她看见了什么。冬日的大自然，似乎是沉寂的、单调的，但在小姑娘的眼里却是生机勃勃："白雪泛着耀眼的光芒""霜在树枝上闪闪发光"。

这就是对美的感知。

是的！要善于发现美。它就在这里，就在我们身边，在我们周围。但是我们可能视而不见，也可能沉浸其中感受它，那样，美就会成为丰富我们精神的取之不竭的源泉。

小女孩不仅看到了自然现象，而且捕捉到了冬日早晨阳光下的那种喜悦之情。她还感受到了万事万物的喜悦：这就是树林"快乐地朝太阳微笑着"。一位岁数不大的小学生，能够从这样平凡甚至乍看起来无趣的现象里感觉到美："稍微碰一下树枝，钻石般的雪花就会纷纷落到你身上。"这是描写近景，是触手可及的地方，但美是无处不在的，远方也有美："远处是一望无际的雪原。"

通过什么方法才能让学生感受到大自然的美呢？

美的感觉，或者按通常说的，审美情感，是人所特有的。这是人区别于动物的根本标志之一。早在原始社会，这意味着在人类生活的最早阶段，人类社会就已经出现了雕塑艺术，光这一点就足以说明问题。早在那个时候，人类就创作了兽、鸟和人体的塑像。在公元前三千年末，即距今约五千年以前，服饰、武器和马具上就有用青铜、金和银制成的装饰品。古代的花瓶上，也有动物、人、各种生活场景和战争场面的绘画装饰。伟大的俄罗斯艺术家符·伊·沙利亚宾曾经说："艺术可能有衰落期，但它像生活本身一样，是永恒的。"人本身具有欣赏美和创造美的深刻而强烈的动机。但这并不意味着，审美情感可以自然而然地形成。教师需要进行一系列目标明确的工作来陶冶学生的情操，在这一点上，教师大有可为。

有一点不能忘记，学生在入学前就已经看过艺术作品了，也听过成年人谈论艺术、大自然之美等话题。学龄前儿童甚至连更小的婴儿，不仅仅会被图画的内容所吸引，还会被缤纷的色彩所吸引。关于这一点，儿童自己所画的图画也能佐证。所以，当学生入学时，就已经具备了一些审美情感。非常重要的一点是，学生一入学，就要从他们已有的审美经验出发，并且依靠这些来培养他们的审美情感，不能浪费了任何一个教学周。在这时，大自然占有十分重要的地位。因为艺术来源于生活，反映生活，反映生活中的美与伟大。

毫无疑问，美不仅仅存在于大自然之中，也存在于人们的劳动创作之中，存在于英雄的丰功伟绩和凡人的日常生活之中。社会生活和个人生活中的美，同样需要在学生心中占据崇高地位。但对于低年级学生来说，还是自然界的美更容易理解。

康·季·乌申斯基认为，自然界的逻辑，是学生最容易接受的、直观的、毋庸置疑的逻辑。自然界在学生的精神成长中起着特殊的作用，这也同样适用于学生审美情感的培养。这就需要教师做大量细致、巧妙的工作，才能利用好自然界提供的机会。

我们举一个学校生活的例子。教师第一次带学生去野外游玩，发现一年级学生根本不能发现大自然的美。参观后的谈话里，教师问他们看到了什么，他们回答说："我们看到了很多不同的树，还有花，还有蘑菇，还有金黄的树叶等。"在后来的野外游玩活动中，教师开始有意识地引导学生注意树林里明媚的阳光，注意金黄树叶的白桦树和苍翠的松柏的组合，等等。晚秋时节，教师启发学生进一步观察，建议他们回想前几次来时树林和天空是什么样子的。学生已经能自己发觉，从金秋开始到现在这段时间里，大自然发生的变化。这样一步一步地，学生与入学时相比，在一点一点丰富着，提高着。

女教师阿·恩·谢列布林尼科娃在"全苏教育经验交流会"上做报告发言时说:"等到冬天去树林里参观时,我确定,学生已经开始用另一种眼光来观察周围世界了,他们的语言里出现了一些诗意化的比喻。丹妮娅说:'你们看,那些小松树,像幼儿园里在散步的小朋友,都穿着白皮袄,戴着白帽子。'尤拉说:'他们站在那儿,像一群小企鹅。'"

女教师还描述了看日出给学生们留下的印象。"我们早上五点从学校出发。破晓前万籁俱寂,东边的天空开始泛红。我们踏在满是露水的小道上,穿过森林走向湖边。湖面上升起一片雾气。大自然在我们的眼前苏醒了。"

"这次参观给学生们留下了深刻的印象。当孩子们最先看到太阳,看到一开始它倒映在湖面上,然后升到松树树梢上面时,他们是多么欣喜若狂啊!一平如镜的湖面上缓缓升起一层薄雾,水面上倒映着松树的影子——真是一幅诗意的画面。"

"学生们这样说:

'太阳先洗了个脸,然后就叫醒所有人。'

'松树像是在照镜子一样,自我欣赏着,而太阳在装点着他们。'

一个成绩最差的学生,维嘉,突然跑到教师跟前说:'您看,多美啊!'他指着穿过松树枝条斜斜射过来的阳光,指着那好像用自己的光穿透了松树枝条的阳光说。"

我把这种进步比作是滚雪球:随着雪球越滚越大,后来它就能自己聚集更多的雪。

这里确实有相似之处,您的理解是对的。但二者也有区别,而且差别还是很大的。雪球逐渐增大的过程,可以说是顺利的、圆满的(毕竟它是个圆形嘛!)。但学生的审美发展却是多方面的:既有文学,也有造型艺术,还有音乐。育于一切之中又高于一切,这就是生活!就像生活中常见的一样,各个方面的增长可能是不一致的。

我的教学经验相对较少,可能,在指导学生培养审美情感方面,我还没达到这样的水平,在完成这项任务时,我感到难度很大。而就这项任务本身来说,它是非常有必要完成的。

看来,教师本身先要具备这样的素质——能够体会和体验到生活和艺术中的美,然后才能培养学生。如果照着教学法行事,没有热情没有激情,只有冷冰冰干巴巴,那未必能有什么效果。

当然,这个想法是正确的。从您的论述里,我还感觉到另一层没有说出来的意思:如果教师也能在对生活的审美上、对艺术的理解上一点点自我提升,那该多好啊!

您说的很对!

我不直接回答问题了,一位低年级女教师盛情交给我一本她写的札记,我想给大家读一段。

一场大病之后,我在疗养院里休养。每天傍晚我都会在树林里散步——每天都沿着同一条路。当我第一次去散步时,西南天空可以看见带雪的乌云(正值初冬时节),西方被薄薄的云层覆盖着。

我走进森林里。火红的夕阳穿过年轻的白桦树枝条,像是透过细密的花边一样斜射过来。沿着林间小路继续往深处走,西南方的乌云变得更厚重了,而西边的乌云却渐渐消散。这种强烈的对比吸引着我:西南方是阴沉沉的,连带着树木——松树和白桦——看上去都愁眉不展的样子。朝正西方向看,晚霞愈加明亮耀眼,沿着地平线铺展开来。它们透过稀疏的树木照过来,让人过目难忘。

森林走到尽头了,前面是田野。云朵重重叠叠形成了一座"山脉"——并不是真的山脉,但它们迷人的线条好像有着某种韵律一样。而在右边,是一把巨大的"剑":这片云沿着天空伸展开,它的箭头直指落日,好像要将一块亚麻布劈开,火红的颜色经过千变万化渐渐成了蔚蓝色。几分钟后,火红的夕阳渐渐黯淡下去,红的金的颜色变成了柔和的浅蓝色……

　　第二天傍晚，几乎在同一时间，我又去了昨天看日落的那个地方。天气完全不一样：一大清早就开始下着小雪，刮着风。晚上安静了下来，但雪还是在下着。这样一个阴暗的冬日傍晚，树林里有什么好看的呢？但马上这里就会展现出另一种美，当然，与昨天闪耀的晚霞的美不一样，这是一种独特的美。这种美是安静的、无比柔和的，我甚至可以说，这是某种温暖的、甜蜜的美。是的！是的！这是一个阴暗的傍晚，但大自然却散发着暖意与甜蜜。松树被雪覆盖着，那些苍劲高大的松树周身微微带些雪花，而矮小的松树被层层积雪包裹着，连树枝都被压得垂向地下了。白桦树的树梢在突如其来的一阵风的吹动下轻轻摇晃着。年轻的松树树枝好像在和行人打招呼，悄悄说："是的！是的！这里真好！"

　　过了一会儿，我转身回家。我往上看了下，才注意到天上的云不只是灰色的，而是带有一点紫色的光晕。特别是透过树木去看的时候，就尤为明显。这些色彩给大自然增添了温暖与甜蜜的调子。

这位女教师的札记很清晰地展示出，像这样乍看之下非常普通的林中散步，也能够丰富人们的精神。是啊！这位女教师确实非常热爱大自然，在她眼中，大自然不只是一个可以呼吸新鲜空气、躺在草地上或者采摘蘑菇的地方。

我们继续来读这段札记：

　　第三天，我还是沿着这条路走。并不是晴朗的日子，没有夏天阳光明媚的感觉。冬天的太阳低低地照下来，穿过树林后光线更显得暗淡了。白桦树好像被柔和的光线笼罩着。阳光照在松柏修长的树干上，留下淡淡的光晕。树影倒映在洁白无瑕的雪地上，一切都美好又安静。一点风也没有……幼小的松树上覆盖的积雪，比昨天更多了。最小的松树被积雪覆盖得严严实实，好像是从雪堆里长出来的一样。这里覆盖的积雪，不像田野上的积雪那样夺目耀眼。当我沿着小路走的时候，好像感觉有小火花，一会在闪烁，一会又熄灭了……原来是不知道从哪儿飘来的雪花落下来，慢慢盘旋着，在阳光的照耀下闪闪发光。似乎，它对自己飞行的每一刻都很满意……

继续往前走。右手边是一条林间小道。路的开始处是一道活生生的拱门：一棵年轻的白杨树的树干长成了一个和谐的弧形。小路像是有魔力一样，在邀请着人们沿着它走，欣赏这愉快的一天的新的美景。

薄薄的云在空中悠悠地飘浮着。林间干枯的小草也纹丝不动……他们好像都不愿打破这晴朗日子里的寂静与安宁。一切都那么和谐……

现在，来说说我的第四次散步。那一天，我在日落前出发了，准备仍然从那条林间小道上走。一开始，我沿着河边，从田野里走。河的对岸是密不透风像墙壁一样厚实的树。落日似乎挂在树梢之上。地平线上霞光一片，天地融为一体。我走进树林里，太阳还泛着光亮，但树影已经消失了。夕阳从白桦树的枝叶间照进来，慢慢地，天色渐暗，黄昏来临了。即将与这欢乐的、晴朗的一天告别，我被这种愁绪包围着。但这一切只能说明，欢乐还会再来，也许，还会比即将过去的今天更加美好……

这才可以称之为真正的亲近大自然！在观察大自然时，有那么多的感悟，那么丰富的思想——不仅丰富，还非常深刻！值得注意的是，四次散步，走的都是同一条路！这一点非常有力地表明，大自然是一个取之不竭的源泉。但并不是每个人都能从大自然里看出这么多奇妙的、不同的内容来。

也许，能如此深刻地感知大自然之美的人并不常见。但我刚刚所读的女教师的札记，非常有力地表明：并不是只有艺术家才拥有敏锐的审美能力。对于我们教师来说，了解这一点非常重要。我认为，我们每一个人都有审美能力，这一点无须怀疑。但首先我们需要发掘出来。当然，这只是前提，后面还要自己下功夫，但这并不是苦差事，而是会鼓舞人，给人以灵感和力量。

与此相类似的是，还要能看出人的精神之美，看出劳动之美和行为之美。需要承认的是，人们经常只是用"正确性"来衡量人的行为：他的行为是否符合世俗规范。当然，这也是有必要的，但这与以审美的态度来看待人们的社会生活和私人生活并不排斥。以审美的态度来衡量教育工作的成功也是必要的。难怪人们常说："他这样做不好"或者"他这样做不好看"。

如果教师忽视了班级生活中一些看似不重要的事情，但这些事情却能牵动学生的喜怒哀乐，那么教师可能就错过了教育学生的机会。

下面说一个二年级班级发生的一件典型事例。女教师在和学生的谈心对话中，未指名地表扬了一位同学，这位同学做了好事，却没有告诉别人，没有自我夸耀。直到很久之后，才偶然得知是他做的好事。

同学们屏气凝神地听着教师的讲话。从学生们的面部表情和插话中可以看出来，通过这个讲话，他们为自己的同学感到骄傲自豪。同学们开始讨论说，有的时候有些同学做好事，只是为了被表扬。他们对那些在外彬彬有礼，在家粗鲁无礼的人表示很愤慨。他们回想起符·奥谢耶娃的小说"魔力语言"。当教师问，为什么"谢谢"和"请"这些话具有魔力，一个学生回答说："如果一个人说出这些话，说明他是非常有礼貌的人。"另一个同学表示反对："如果一个老人需要帮助，他没法上台阶，你可以礼貌地对他说'您好'，却没有帮助他。那就只是口头上的礼貌而已。"

这里就出现了一个对立：一方面，为自己同学的高尚行为和谦虚精神而高兴，感到敬佩；另一方面，对那种为了表扬而去做好事的虚伪的人感到愤慨。

当教师注意到，学生在对人的各种行为的评价上出现对立的感情时，应该抓住学生的这些情感，并且依靠他们，在此基础上提高学生的审美和道德水平。感情的对立——这是感情的本质属性之一。感情——是对某一个人、对他的所作所为、对自然界、对艺术作品以及对其自身的情感态度。

在谈到感情时，您同时使用了提升"审美"、提升"道德"等词。在我看来，这并不是偶然的。

确实！审美水平的提升和道德水平的提升是密不可分的。对于美的欣赏可以让人变得更加高尚，美能唤起人的善良的情感，比如同情心、忠诚、爱、温柔等。感情会成为人们行为中的一种积极力量。

列夫·托尔斯泰认为，这正是艺术的使命所在。他曾经这样写道："正如知识的完善过程一样，即更真实、更需要的知识排挤出错误的、不需要的知识，同样，借助艺术提升情感的过程也是如此，即以更高尚、更善良、更为人们福利所需要的情感排挤出低级的、不善良的、不为人们福利所需要的情感。这正是艺术的使命。"

艺术教育对于学生起着多么巨大的作用啊！可这种作用经常没有加以充分利用或者利用不当！

传统教学法有一个很明显的弊端，就是没有向学生揭示出艺术特有的珍贵性，把所有都归结到内容和情节，而艺术形象，即艺术所特有的属性，却没有纳入学生的认识范围之内，似乎这是他们无法接受的内容。

作为低年级的教师，我们一直以来不得不这么做。需要说的是，我对这种教授阅读课的方法很不满意。我感觉，教师参考用书里的那些规定，最主要缺失的一点是，使此项工作充满生活气息的东西。

为了更具体地探讨这个问题，我们以阅读《狐狸巴特尔季耶夫娜》这篇文章为例，对不同的教学方法加以对比。我们先把课文通读一遍，然后请大家结合课文及课后习题加以分析。

狐狸巴特尔季耶夫娜

狐狸狐狸牙尖嘴长，双耳翘翘，尾巴垂垂，一身皮毛软又厚。

狐狸狐狸真漂亮，皮毛蓬松，浑身金黄；身上穿着白背心，颈上戴着白领带。

　　狐狸走路静悄悄，一步一鞠躬，尾巴毛茸茸，眼神露温柔，脸上带笑容，洁白牙齿在外头。

　　聪明狐狸会打洞，进进出出几个口，仓库卧室分清楚，地上干草软又厚。都说狐狸是好管家，其实是个女强盗，专吃小鸡和小鸭，还有家兔和大鹅。

下面是讲解这篇课文时采用的一种教学方法。向学生提出下面的问题：
读一读，狐狸长什么样的？
狐狸有哪些习性？找出来并读一读，狐狸是怎么走路的，怎么看的。
狐狸真的善良吗？举例说明。
　　确实，这些作业和问题完全是围绕课文内容的。那么，可不可以在一年级课堂上，尝试引导学生去感知艺术形象和塑造艺术形象的语言手段呢？
　　当然，在一年级课堂上可以引导学生初步去理解文艺作品的特点。但是，既然实践已经证明，一年级学生能够理解最简单的艺术形象，能够明白一定的情感表现手法，那么，我们为什么不向前再进一步呢？此外，孩子们接受文艺作品时，心情明显是十分满意的。
　　按照俄语教学法的规定，对于情感性、表达性的语言手段的学习工作，要稍后进行。
　　但是，如果能向学生深刻地揭示出文学作品的内涵，那么阅读课的内容就会变得大大丰富起来，俄语的丰富也将会更有效地促进学生的发展。
　　完全正确！我们早在一年级时就引导学生走进情感性、表达性的语言手段的宝藏了。特别是在学习《心爱的奶牛》这首民歌时，我们就是这么做的。

心爱的奶牛

（民歌）

我多么喜欢我心爱的奶牛！

我多么高兴为你收饲草！

吃吧吃吧，我心爱的奶牛，

你要吃得饱饱的，我心爱的奶牛！

我多么喜欢我心爱的奶牛！

我多么高兴喂你喝水！

喝吧喝吧，我心爱的奶牛，

我将收获更多的牛奶。

在读这篇课文时，很重要的一点就是，要让学生弄懂并感受到，语言手段所表达出来的对奶牛的态度。女教师向学生们提出了这样的问题："为什么小姑娘说 kopoByшka（心爱的奶牛），而不说 kopoBa（奶牛）？"学生们回答说："这意味着，小姑娘很喜欢奶牛，非常爱它。"就是用这样的例子，引进一些最基础的因素，来引导学生理解作者运用一定的语言手段来表达对文章中的人物的态度。

《狐狸巴特尔季耶夫娜》这篇课文就提供了这种可能性，除了上述提到的，还可以提醒学生注意故事中对人物各个方面的描写和性格的转折。女教师向学生们提出了这些问题："为什么说狐狸'尾巴垂地，一身皮毛软又厚'？""作者一开始是怎么描写狐狸的？"学生们回答说："很好""很温柔""很漂亮"。女教师请孩子们再找出其他的词语，看看作者是怎么描述狐狸的。

教师接着问："作者后面是怎么描写狐狸的？"学生们注意到了对狐狸性格描写的转折："……其实是个女强盗，专吃小鸡……"这样一来，学生就会注意到作者是如何运用语言手法来描述故事主人公的方方面面。可以说，这是教授文学性课文前进的一大步，丰富了学生对课文内容的理解。

二年级课上，可以更深入地揭示作品的思想意义、文章结构，可以让学生更进一步地理解语言的描写和表现手法。

二年级学生是否可以接受文学作品的思想意义？

教学实验的经验表明，如果从学生一开始入学起，就按我们今天所谈的方式进行教学，即逐渐地引导学生前进，教导他们，那么等到了二年级，很多事都会成为可能。

很想听您说说，应该怎么样使学生理解文学作品的思想意义与文章结构之间的关系。是否能以某篇课文为例进行讲解？

我们就以列夫·托尔斯泰的《兄弟俩》为例吧。

兄弟俩

兄弟俩结伴去森林里旅行。正午时分，他们在树林里躺下休息。等他们醒来的时候，发现身旁的石头上写着什么字。他们开始辨认，只见上面写着：

"找到这块石头的人，允许他直接穿过树林，向日出的方向走。树林里会遇到一条河，让他游过河，到达对岸。他会看到一头母熊和几只小熊，直接从母熊身边抢走小熊，然后直奔山里，头也不要回。到山上会看到一座房屋，在那里将会找到幸福。"

兄弟俩读完石头上的字，弟弟说："我们一起去吧。说不定，我们游过小河，把小熊抱到房屋那去，就能找到幸福。"

哥哥却说："我不去森林里找小熊，建议你也别去。第一，没有人知道，石头上写的是真是假；说不定，这些只是恶作剧。而且，也有可能我们没弄明白是怎么回事。第二，即便写的属实，我们走进森林里，天已经黑了，我们找不到那条河，就会迷路。即便找到那条河，我们怎么游过去？万一，河面很宽，河水湍急呢？第三，即便游过河去，从母熊那夺走小熊难道是件容易事？母熊会把我们撕碎的，我们只会白白送命，还找什么幸福啊。第四，即便我们抢到了小熊，我们也没法一口气跑到山上。最重要的一件事是：上面没有说，我们将在房屋里找到什么样的幸福呢？说不定，那里等着我们的幸福，对我们来说根本毫无用处。"

弟弟又说："我不这么认为。谁会无缘无故在石头上写这些内容。而且一切都写得很清楚啊。第一，如果我们尝试的话，并不会有什么坏处。第二，如果我们不去，而别的看到这个石头上的字的人，就会去找到幸福，而我们只会一无所有。第三，不去经历不去努力，活在世上还有什么意义。第四，我不想让别人觉得，我遇事害怕退缩。"

哥哥说："俗语说得好，追求不切实际的幸福，反而忽略了眼前的平凡生活；还有句是这么说的，不要许诺给我天上的仙鹤，我只要触手可及的麻雀。"

弟弟回答说："我听说，不入虎穴，焉得虎子；还有人说，坚如磐石者，水无缝可入。依我看，我们得去。"

弟弟去了，哥哥留了下来。

弟弟一走进森林，就看到了那条河，他游过河，到达对岸，就看见母熊。母熊正在睡觉，他抱起小熊，头也不回地朝山上跑。刚跑到山上，迎面走过来一群人，他们驾着马车，带着弟弟回城，并拥立弟弟为王。

他在王位上坐了五年。第六年，另一个更强大的国君向他宣战，攻占了他的城池，把他赶下了王位。弟弟又开始流浪，回到了哥哥身边。

哥哥住在一个小村庄里，不富有，但也不贫穷。兄弟俩见面分外高兴，各自诉说自己的生活情况。

哥哥说："你看，我说得没错吧，我一直以来生活得安静舒适，而你虽然曾经为王，可却受尽了折磨。"

弟弟说："我一点都不后悔当年跑进森林，跑到山上。虽然我现在过得并不好，但是我的人生有值得回忆的东西，而你呢，却没有什么值得追忆。"

读了这篇课文后，可以向学生提出哪些问题，布置哪些作业呢？

问题和作业题如下：

"你更赞成哥哥还是弟弟？为什么？"

"标出童话里的谚语。说说你是怎么理解的。""复述一遍童话。"

应该怎么评价上面的问题和作业题呢？他们是否能引导学生朝着我们刚才所说的方向发展，也就是说，能不能帮助学生感知和理解文学作品的艺术价值？

第一个问题（"你更赞成哥哥还是弟弟？为什么？"）似乎触碰到了童话的中心思想。但是问题的表达形式，却有可能导致学生偏离作品，而单纯去争论究竟赞成哥哥还是弟弟以及原因，这就会取代对童话本身的讨论。其实，作品的中心思想是非常明确的：它赞成弟弟的做法，因为弟弟勇敢、果断地去克服任何困难，斗志昂扬地生活着，而不是苟且偷生。哥哥的那些言论都是作为和弟弟对生活的理解的对立面来写的。这意味着，问题根本不在于同意谁以及为什么。

您刚刚不仅谈到了作品的中心思想，还谈到了作品的结构和艺术形象。

《兄弟俩》这篇童话的内容，可以用干巴巴的、毫无形象性的几句话就概括掉。但那只是空架子，和洋溢着兄弟两个人活生生的思想和感情的原文内容毫无共同之处。"复述一遍童话"这道习题，恰恰会让学生将一篇富有艺术性的文章变成没有血肉的空架子，因此，从教学的角度来看，这道作业题不可取。

文章中，以对照哥哥和弟弟的议论的形式，将弟弟的崇高理想与哥哥的庸俗生活准则相对比。哥哥的话里充满了怀疑，对无法克服的困难的想象，而弟弟的话里充满了果敢和克服任何困难的决心。

经验表明，学生自己是能够察觉到这种对立的。这个时候，教师应该通过穿插讲解来引导学生，帮助他们证明自己的猜测，而不是和盘托出现成的答案。学生一旦抓住了童话的中心思想，也就弄清了作品的结构。这里采用了交替的写法："哥哥说""弟弟说"，然后讲弟弟是怎么生活的，哥哥是怎么生活的。结尾处同样使用了交替的写法，"哥哥说……""弟弟说……"。

这篇童话为什么要采用这种结构呢？

之所以这样采用这样的结构，是要用艺术的形式对比出弟弟的理想和哥哥的人生观。兄弟两人的对话也采取了同样的写法："第一……""第二……"，这样就更加鲜明地对比出两人的形象。这种交替的写法特别有力地强调了兄弟俩思想上的深刻差异。同时，语言手段也是为这一点服务的：弟弟的话言简意赅，而哥哥的话冗长拖沓。所有这些艺术手法塑造出了兄弟俩的形象。无论是对比的写法，还是童话的结构、语言的特点等，都是往同一点上集中，即童话的中心思想：弟弟所代表的那种人生观是值得赞扬的。

通过这个例子可以清楚地看到，教师在给学生讲授文学作品之前，首先自己要分析吃透。只有这样，才能把应有的注意力放在集中关注艺术形象上，从而达到感染学生的目的。正是这种通过艺术形象感染学生的性质，使得文学作品和造型艺术有相通之处。

我不止一次地听说，小孩子是没法接受造型艺术的，在这上面浪费时间非常可惜。他们说，还不如让学生多做点俄语和数学的补充习题。我无论如何也无法同意这种论调。我经常观察到，人们总是试图用空洞的说教来向学生灌输道德准则、行为规范和爱国主义。如果你仔细观察学生会发现，这些老生常谈已经让学生感到厌烦了。学生们虽然听着这些说教，但是并没有留下什么印象，因为没有触碰到他们的感情。

艺术不仅影响学生的理智，也影响他的情感，艺术有助于培养学生的信念。娜·康·克鲁普斯卡娅一直以来非常强调这一点。越是以情感为基础，信念就越是坚定。所以，艺术才能在道德教育中起这么大的作用。

非常遗憾的是，我们经常遇到的情况是，学生在看过一幅名画或者读了一篇优秀的文学作品后，教师马上就会要求学生将其与自己的行为联系起来。对待艺术作品在促进学生道德发展上起的作用，采取这种简单化的方法是非常错误的。从对艺术作品的理解到作用于学生，这是一个非常复杂的过程，但归根结底，深刻的内心感受会成为行动的诱因。学生内心产生的感受，原本可能在其道德面貌的形成时，为他的行为活动带来某些良好的结果，但是经过翻来覆去的道德说教后，反而抹杀了学生的新鲜感受。因此，娜·康·克鲁普斯卡娅在《怎样给学生讲述列宁和应该讲些什么》一文中提出，少喊一些口号，多讲一些简单的、易懂的、打动人心的故事。

低年级阶段，向学生介绍造型艺术时，仍只是局限于对少数几幅画的复制品进行最简单的认知。还可以再做些什么？根据我的观察，造型艺术作品对于学生们很有吸引力。很有可能，我们应该充分利用学生的这种兴趣。

在不影响其他学科的前提下，如果有可能的话，尽量扩大学生认知绘画作品的范围，为什么不可以这么做呢？要知道造型艺术是丰富学生精神生活的重要源泉之一，具有很大的教育影响力。

也许，在向学生介绍绘画作品时，需要有一定的顺序性，因为绘画作品是多种多样的。

体裁的区别有非常重要的意义。在绘画里，所谓的体裁是指绘画的各种风格。它们的不同是由绘画内容决定的。现如今，比较流行的是风俗画（也称为写实画）。这种画的特征就在于，画面上呈现的是画家同时代人的日常生活场景。这种体裁的画，可以帮助人们在多样性的呈现中认识和思考人们的生活。列宾的《伏尔加河上的纤夫》、彼罗夫的《捕鱼》和舍万德罗诺娃的《在农村图书馆里》等都属于此类。

看来，生活写实画最贴近学生的生活，是否应该从这类画开始介绍？

您考虑得很正确。不过这种体裁的画也需要鉴赏能力。

这是指什么呢？

人有可能视而不见的。对于可以丰富人们精神生活的东西，人们常常会不经意间错过。他们的目光似乎只是从表面掠过而已。只有仔细观察一幅画的细节和结构，才是真正地将它当作艺术品在欣赏，而不是大致看一眼内容。只有这样，学生才能渐渐学会感知绘画。对艺术珍品来说，除了具备热爱之情，还需要具备观察力，而教师在发展学生这方面的能力上大有可为。当然，专门做观察力的训练是不可取的，但是应该利用学习过程中一切的可能性。在参观考察中，在劳动技能课上，以及在其他很多门课上，都可以发展学生的观察能力。但是欣赏画作的细节和结构还需要注意一些特点，教师需要记住这些。

低年级阶段，在训练语言能力时经常会用到一种挂图。现在我很明确的一点是，学生在观察这种挂图时，学生观察细节的能力及相互联系的能力并没有得到重视。实话说，我自己过去就没有重视这种可能性。比如说，在一年级课堂上，我只要求学生讲出图画的内容，找出图中的主要东西。

当然，感知和描绘图画的情节也是很有必要的。如果学生能注意到画面上描绘的事物各个方面的特点，那么这不仅不会妨碍对情节的感知，反而是大有益处的。这在一年级就可以做到了。一开始，教师的提问起主要作用，而到后来，学生独立观察绘画的成分会渐渐加大。

我们以一年级的某节课为例，来看看学生辨认细节是怎样进行的。这节课的主要任务是发展言语能力，需要将完成这项任务和仔细观察绘画有机结合起来。此时是一年级的第二学季，学生已经积累了某些观察的经验。

课堂上使用了一幅《棕色的家禽》挂画。这是一个养着家禽的院子。狐狸抓到一只母鸡，叼着两脚腾空的母鸡飞奔着。很多只火鸡、母鸡、鸭子吓得四处窜逃，鸡飞鸭跳。一只公鸡吓得飞到了木桶上，高声鸣叫。门口来了一个女人，一脸惊慌。

《棕色的家禽》挂画上呈现的事件有一个特点，就是其中有很多急剧的动作。仔细观察画面就会发现很多不易发觉的细节：散落在地上的羽毛，狐狸逃走的姿势特点，等等。

女教师的提问引发了学生的回答。但大部分的回答是学生独立观察得来的（下面的每一行就是每一个学生的回答）

"狐狸拼命逃走"

"它跑得飞快。"

"它伸出腿，换一只腿接着跑。"

"狐狸好像蜷缩着前腿飞奔起来。"

"它的耳朵紧贴着头，尾巴竖得笔直。"

"尾巴摆动着。"

"尾巴像烟囱。"

"爪子向四面伸开。"

"母鸡在挣扎着。"

"地上落了鸡毛。"

"公鸡飞到木桶上，大声鸣叫，老奶奶赶出来了。"

"母鸡吓得四散逃开。"

"火鸡飞到了半空中。"

这堂课有力地佐证了，一年级就可以开展很多工作，帮助发展学生观察绘画细节的能力。这种能力将为感知造型艺术作品打下基础。

不过有一点我不太明白：为什么不一开始就用著名画家的作品，而是先让学生从观看直观教具中获得分辨细节的能力呢？

我们先来谈谈造型艺术的特点，才有可能对您提出的问题做出更为完整的回答。应该注意的一点是，直观教具是为教学而专门设计的。可以说，它是以小孩子为对象的，因此简化了对事物的描绘。根据这些特点，人们就把为发展言语而设计的直观教具，也用于培养学生的观察能力上了。

我想继续刚才关于绘画体裁的谈话。这将有助于我们这些教师在向学生介绍造型艺术时，目标能够更加明确。

　　最流行的一种绘画体裁是——风景画，也就是说对大自然或者居民点、建筑物的描绘。列维坦的描绘俄罗斯大自然的风景画非常有名，同样的还有苏联画家尼斯基的风景画。风景画可以而且有必要纳入低年级学生认知绘画的作品之列。

　　我有点不太明白，为什么这么有必要让学生欣赏描绘俄罗斯大自然的风景画。儿童就生活在俄罗斯，在他们参观、散步、去夏令营、去乡下别墅的过程中，自然就可以看到这些景色。亲眼看到的景象不是比风景画更生动、更鲜明吗？

　　当然，从自然界直接得到的印象可能会非常鲜明。与大自然的交流能够丰富学生的情感，启迪学生的智慧。关于这一点我们已经谈论过。但如果把造型艺术作品当成直观教具来用，借助它来呈现那些不能直接感知的自然景象，那就是错误了。对于我们熟悉的，甚至是司空见惯的自然景物，画家却能展现出它美的新的一面，让我们看到以前未曾注意到的美，并为之赞叹不已。

　　列维坦的画作《三月》就可以作为有力的证明。我们曾经见过多少次春天湛蓝的天空，微风吹拂下的余雪，柔和阳光下苏醒的小白桦！而在画家的创作中，那些细微之处、那些具体的结合、色彩的和谐，不仅表现了春日那一刹那的无可复制的美，也激发出我们欢乐，甚至是狂喜的情感。不仅如此，绘画还教导（这里运用的是本词的最高意义）我们理解和热爱家乡的大自然。而对家乡大自然的热爱，正是热爱祖国的一部分。这意味着，风景画里包含着巨大的教育力量。

　　遗憾的是，在对低年级学生的教育过程中，造型艺术、音乐作品的作用没有得到足够重视。

　　您指出教育上的形式主义的这个缺点，是完全正确的。文学、造型艺术、音乐，只有在向学生展示出艺术形象，揭示出艺术形象中体现的崇高思想和情感的时候，才能具有强大的教育力量。

历史画也有非常大的教育力量。希望您也能谈谈这方面。

在艺术学中，这些画属于历史体裁。他们反映历史中的重大事件或者是人们的日常生活。这类体裁的画作包含着重要的有时是具有重大意义的社会内容。例如弗·谢洛夫的名画《列宁宣布苏维埃政权成立》就属于此类。

根据我自身的经验，这幅画给学生的印象非常深刻。我让三年级学生观看这幅画，学生们观察到很多细节，让我觉得非常高兴。确实，他们之前已经看过不少名家名画的复制品，所以他们掌握了一些欣赏艺术珍品的经验。

学生们注意到了列宁的手势，他一只手向前伸出。他们说，弗拉基米尔·列宁宣布苏维埃政权成立了，他好像在指出，苏联人民将要走一条非常伟大的道路，他们将要建设新生活。在这条道路上他们将会遇到很多困难，但人民一定能够克服，人民的生活将会变得光明而幸福。学生们也没有忽略画面上在倾听列宁讲话的人们：作为这一重大事件的亲历者，他们因为这一伟大的事件而激动万分、心情澎湃。他们的面部流露出赞颂的表情和克服一切困难障碍的决心。人们紧紧靠近着列宁。人群围成一圈，好像表明人们将紧密围绕在领袖周围，响应领袖的号召。

关于这幅画，当然还有很多可以讨论。您的三年级的学生对它的感知，有力地证明了低年级儿童也可以深刻而细致地（就他们这个年龄来说）理解和体会这幅画。令人欣喜的是，学生大大进步了，不只停留在对情节、画面的肤浅感知。学生实际上理解了姿势、手势、面部表情等细节所包含的特定意义，它们不是偶然的，而是蕴含了事件的重大意义，表现了一种强有力的革命激情。学生虽然没有说出来，但是他们按各自的方式，都把这幅画当成艺术作品来欣赏。关于列宁是怎么样宣布苏维埃政权成立的，可以让学生来进行讲述。讲述也能够对学生产生深刻印象。造型艺术的特点就在于，它能够能把人物、风景、事件等变成看得见的东西：这里描绘的只是一瞬间的情形，但我们能够看到所有的细节。正是这创造出来的艺术形象，激发着我们的情感和思想……

当人们谈论艺术的时候，会经常特别强调它对发展情感的作用。但要知道，艺术也同时给人们许多关于事件、人物和风景等的知识。特别是对于历史体裁的画作和描绘我们所不熟悉的风景画来说，这一点尤为明显。

当然，造型艺术也教给我们知识，但是这些知识和我们内心的情感，尤其是审美情感，是不可分割的。艺术作品带给我们美的享受，即欣赏美的时候所产生的一种特殊的内心感受。

当然，学生的情绪状态，随着画面内容的不同，是有各自的特点和细微差别的。我想说说三年级学生在学年初欣赏彼罗夫的名画《钓鱼》时的情形。顺便提一下，在这幅画里，生活的场面是在风景画的背景上表现出来的（这种体裁间的相互结合是相当常见的）。

下面是三年级学生们的发言（我引用的是同一个班级的学生的发言，先谈自然景色，然后谈捕鱼的人）。

"清晨。太阳开始露出来了，甚至还没有露出来，只是透出几许光亮。"

"这幅画上画的是清晨的景象。阳光从树林间透过来。河面上漂着雪白的睡莲。一切都那么安静。"

"太阳还没有出来。东方笼罩着浅黄色的雾气。连河水都透着一点粉红色。"

"清晨。河岸边漂着雪白的睡莲，它们已经绽开了丰满的花瓣。两岸长满了青苔。晨光从小山坡上的树林间穿过来。"

"鱼漂突然动了一下，捕鱼者赶紧探身向前。他的脸高兴……和善。"

"垂钓者静静等待着，他觉得，好像有鱼儿咬鱼钩了。垂钓者很喜欢钓鱼，他经验丰富。离他不远处，还坐着另一位垂钓者。我感觉，那个人对钓鱼这件事有些冷淡。"

"垂钓者安装好鱼钩，然后等着鱼上钩。他满怀紧张地等待着。垂钓者的脸上露出笑容，这笑容是那么愉悦，好像他随时都可以钻到水里去捉鱼。"

有意思的是，昨天的二年级学生，如今已经在思考画面上的光线和阴影的关系（"阳光从树林间透过来""太阳开始露出来了，甚至还没有露出来，只是透出几许光亮"）。学生不仅注意到了他们在画面上找到的颜色，还看出了色调的不同（"东方笼罩着浅黄色的雾气""连河水都透着一点粉红色"）。

低年级学生在欣赏希施金的名画《橡树》的复制品时，也表现出了这种品质。我引用两个学生的评论如下："太阳的光芒，照亮了整个森林和林中空地。树木投下一片影子。在太阳的照耀下，小草好像也被笼罩着金黄色。""青草在阳光的照耀下熠熠发光。林间空地上阳光灿烂，树木也闪着光亮。天空被阳光染成一片玫瑰般的红色。"

由此可见，学生们在理解绘画的光影方面进步巨大，而光影是绘画最重要的表现方式之一。

学生在对色调的细微差别及其对物体的受光度的依赖性的理解上，也有同样的情形。

需要承认的一点是，在我们进行谈话的时候，我曾在心里暗暗疑问，是否有必要去钻研这些细节呢，学生只要能够理解画的情节，不就够了吗？现在，听到那些才读两年书的学生们的描述，我才明白，艺术帮助他们的精神成长得多么迅速。

低年级学生在对绘画的理解上有很大的进步空间。如果在二、三年级时，学生看过彼罗夫、瓦斯涅佐夫、列维坦和波列诺夫的画作，那么，我们认为，下一学年就可以向他们介绍列宾的画了。学生的整体水平得到较大发展和欣赏绘画作品上所积累的经验，将有助于他们正确地认知诸如《伏尔加河上的纤夫》这样复杂的作品。

自然，学生们会谈到，列宾多么真实地表现了劳动人民在革命前的艰难生活。但学生们并没有停留在此。纤夫——共十一个人，每一个人都是特别的，与他人迥异的，每一个人都背负着沉重的负担。比如说右边第四个吧：

他用尽全身最后的力气，双臂交叉，身体完全倾向地面。他的脸，晒得黑黝黝的，看他的眼睛，看他半张开的嘴，就知道他已经筋疲力尽，痛苦不堪了。中间那位还是个很年轻的纤夫：他还没有适应这么沉重的劳动，他步履不稳，而这使得他更加艰难——他没有像老纤夫们那样，双臂下垂，而是双手紧抓着皮带，这使他非常不自在，他的脸上露出疲惫的神情，同时也像是在抗议。学生们对左起第二位纤夫谈得最多。这个纤夫也感到沉重，但是他并没有被沉重的苦役压倒。他的双臂自然垂下，脚步平稳。他的脸上没有露出丝毫绝望或者痛苦的表情，而是凝重的沉思。也许，他正在思考劳动人民的命运，坚信着解放就会来临。

当然，学生能够如此深入地研究这幅高水平艺术杰作，已属非常难得。这些已经一再证明，如果教师不引导学生去接触真正的艺术，而把全部精力都放到俄语、数学的技能和技巧训练上，那么，低年级的学生无论如何也做不出这么有意义的事，简直是天方夜谭。

您对于小学教学的缺点的评论，可能有些夸大了，但是从实质上来说，您确实是正确的。

我想再回头谈谈学生观看列宾的画的那节课。当学生对这幅画发表见解时，教师向他们讲述了列宾以及其他伟大的画家是怎样细致地研究画面上所要描绘的现实生活的。列宾在构思《伏尔加河上的纤夫》这幅画及后来的创作过程中，多次到伏尔加河上去，和纤夫们一起生活。他不仅观察他们的劳动和日常生活，还和纤夫们交流，努力走进他们的内心世界，体验他们的所想所感。

教师在学生刚看过画作，印象还非常深刻的时候，向学生揭示了创作过程的重要方面。学生们聚精会神地听教师讲解，列宁对于艺术的首要要求是真实性，要深刻真实地反映生活。

了解列宁对文学和艺术的态度是多么重要啊！这是我们所有人的榜样！

娜·康·克鲁普斯卡娅在关于列宁的回忆录里这样写道："我去西伯利亚

的时候，随身带了普希金、莱蒙托夫、涅克拉索夫等人的作品。弗拉基米尔·伊里奇①把它们和黑格尔的作品一起放在床边，到了晚上，就一遍又一遍地研读。他最喜欢的作家是普希金。"②

列宁对造型艺术和音乐高度评价，非常喜爱。娜·康·克鲁普斯卡娅从克拉科夫给玛·亚·乌里扬诺娃③写的信里，关于弗拉基米尔·伊里奇这样写道："……他从熟人那里捡到特列季亚科夫画廊的展品目录，也会反复钻研。"④

早在童年时期，列宁就非常喜爱音乐。"……他终生保持着对音乐的热爱，并且非常精细地去把握音乐、理解音乐。"季·伊·乌里扬诺夫⑤这样回忆列宁。

高尔基写道："有一天晚上，在莫斯科，在叶·彼·彼什科娃的家里，列宁听到了以赛亚·多波洛文演奏的贝多芬奏鸣曲，他说：'没有什么比《热情奏鸣曲》更好了，我愿每天都听一听，这美妙的天籁之音。我常满怀骄傲又不无妒忌地想：多么美妙的人间奇迹啊！'"⑥

造型艺术和音乐艺术有一个共同点，就是通过艺术形象对人产生影响。在音乐中，艺术形象是依靠声音手段来塑造的。音乐作品中最重要的基础是旋律，也就是说，是结合成一定整体的、结构完整的声音的有序的组合。

在低年级教学过程中，有时候会发现学生对音乐课不感兴趣。当我想找出这种现象的原因时，产生了这样一个想法，我觉得教学法并不是一切都很完善。

您的猜测是正确的。遗憾的是，学校里的合唱，听起来往往是单调乏味

---

① 列宁的名和父称。
② 《回忆列宁》，亲人回忆录。第 1 卷，莫斯科：国家政治书籍出版社，1968 年版。
③ 玛·亚·乌里扬诺娃是列宁的母亲。
④ 娜·康·克鲁普斯卡娅：《教育文集》，第 11 卷，第 151 页。
⑤ 季·伊·乌里扬诺夫是列宁的弟弟。
⑥ 《高尔基选集》，第 17 卷，1952 年版，第 39 页。

的高声喊叫，是把旋律生硬地分成一个个重读的音节，缺乏了柔和的过渡，**缺乏多样化的音调**。这样的歌唱不会给学生带来美的享受，音乐课对于他们来说反而成了沉重的负担。

我认为，如果把合唱课与欣赏音乐结合起来，就可以把合唱变成美育的重要组成部分，从而避免上面所出现的状况。

怎么样才能"把合唱课与欣赏音乐结合起来"？是不是学生学唱什么歌曲，就让他们听这首歌曲？

我指的是另一层意思：让学生专门欣赏音乐。如果教师会演奏乐器，就用钢琴弹奏短的曲子给他们听，否则就借助录音机、唱片机等。比如说我教的一年级学生，在第四个学季的时候，除了教他们学唱歌，还会让他们听柴可夫斯基的作品——《古老的法兰西小调》和《波尔卡舞曲》等。这些曲子都是用钢琴弹奏出来的。

欣赏音乐有助于发展和丰富学生的审美情感，陶冶艺术情操，也有助于演唱歌曲。经验表明，先让学生听几遍歌曲，再让他们学习演唱的教学安排是合适的。在第三个学季里，除了学唱的歌曲外，还让他们欣赏了《天空之歌》（斯塔洛卡道姆斯基作曲）、《滴滴答答》（列维娜作曲）、《春之曲》（乌克兰民歌）等。

学生很爱哼唱他们听过的旋律，教师也非常鼓励他们这么做。在特·尔·别尔克曼和克·斯·格里辛科合作的《音乐教学中学生的音乐发展》一书里，记载了这一取得良好教学效果的工作经验。

遗憾的是，人们往往把低年级的音乐教学课看得过于狭隘。只要掌握一些唱歌技巧就够了，而没有和学生的发展联系起来。还有一种偏见是，将乐感不好的学生看成是没有希望的人。

乐感不好这一点，被认为是某些学生不能很好掌握唱歌技巧的原因。在特·尔·别尔克曼和克·斯·格里辛科的书里，用强有力的事例向人们证明：那些乍看起来似乎完全没有能力掌握唱歌技巧，并且在音乐发展方面几乎毫无希望的学生，竟然取得了很大的成就。

萨沙就是被认为是"毫无希望的"学生之一。但是经过两年的教学，他进步巨大。应该说，萨沙和其他几个学生，顺便提一句，对某些个别技巧的掌握不是很均衡。对于萨沙来说，靠想象力来区别音调的能力，比他的发声（即准确地按照音高发出乐音）的能力发展得更快。

按照我的理解，需要在学生的音乐发展和一般发展上下功夫，这是使学生在掌握唱歌技巧方面取得快速进步的必要条件。

确实如此！音乐课不应局限于自身专门的内容，还应该发展学生的专心致志、精力集中和自我控制的能力，促进学生的全面发展。

演唱歌曲和聆听音乐给学生们带来了美的享受，提高了他们的精神境界。下面是我观察到的一个例子。在二年级的一节课上，女教师似乎不经意间用钢琴弹起《摇篮曲》，这个曲子学生之前已经学习过了。有几个学生一听到曲子，在完全没有外界的引导下，自然而然地跟着轻声哼唱起来，然后又有其他同学加入，紧接着全班一起唱起来——柔和、悦耳、动听。孩子们的脸上洋溢着喜悦。他们对音乐的这种敏感性说明了，音乐已经进入了他们的心灵，成为他们内心深处的精神需求。

确实，对音乐之美的感知能够促进学生的发展。但是还是有必要给学生讲授一些关于音乐作品以及作曲家的知识，二者并不互相排斥。

不仅不互相排斥，而且学生掌握这些知识后，才能欣赏音乐之美，这是先决条件之一。如果学生不会欣赏画作，他就不能把它当作一件艺术品来感知。如果学生不会欣赏音乐（为了能够欣赏音乐，就必须掌握音乐特点，哪怕只是基本的知识），那么对音乐的感知就会非常贫乏。

教学实践表明，在正确进行音乐教学的情况下，一年级学生就已经能够分辨出欢快的、愉悦的、忧愁的、悲伤的等不同的乐曲。二年级学生已经能够体会不同作曲家（柴可夫斯基、格里戈）所谱写的华尔兹舞曲的韵律结构的特点，能够区分出作品中的各个对比部分。

音乐课多半是专业教师授课的。带班的教师对音乐教学的情况并不是非常了解。是否有必要了解呢？如果要深入了解音乐教学和其他音乐课业的情况，是需要具备专业的知识的。

当然，不是每一位教师都能干预音乐教学的专业问题，但是同样能够把音乐教学与向学生介绍造型艺术、文学艺术等相结合，实际地解决美育的问题。

第八章　教学与发展

我们的祖国正处于快速发展的时期。苏联人民高度评价业已实现的计划，并正在积极探索实现未来任务的道路。

列宁同志曾经说过："理想！人如果没有理想，和动物有什么区别呢！是理想推动着进步。最伟大的理想是社会主义……业已实现的理想——社会主义又为最大胆的理想开辟新的宏伟的前景。"①

小学教学也需要探索新的途径，小学教育是整个教育的基础。

小学采用新的教学大纲，和以前的大纲相比，新大纲的内容更丰富也更深入。小学教育过渡到三年制和新教学大纲的采用，这是一个重大的进步，为进一步从根本上完善苏联教育开辟了广阔的前景。

探索新途径指的是什么呢？最近几年将要探索哪些方面呢？

我认为，我们应该集中目标探索一个重要的方向，即探索使学生得到更好发展的教育学途径。

可是，我们大家都知道，教学不仅要使学生掌握知识、技能和技巧，还要使学生得到发展。康·季·乌申斯基曾经科学地论证了教学在学生发展中起到的作用。他的这个思想在小学教学法里有体现。

毫无疑问，康·季·乌申斯基和过去其他进步的教育家的著作，都是伟

---

① B. 阿努琴：《和列宁的会见与通信》，载《在伟大的思想的世界里》，莫斯科：知识出版社，1962年版。

大的教育思想成果。而如今这个时代为学生的发展创造了无法比拟的更多的机会。学生们生活的这个世界，拥有更多的发展机会。

我们这个时代不仅为学生们创造了更多的发展机会，同时也对学校在学生的发展工作方面，提出了更高的要求。

要从根本上提高学校在学生发展方面的工作，就要先弄明白一个问题：学生的发展对于教学的结构，即对于教学内容、教学方法和各科教学法，有着什么样的依赖性？苏联教育科学院普通教育学研究所下设立的"教学和发展问题实验室"，就是以此为目标进行研究的。这项研究范围广、难度大，包含了一系列重大的理论和实际问题。从小学教学的实践来看，以下问题具有特别重要的意义：传统教学法下，学生的发展是否充分？如果不充分，那么怎样才能让学生取得更大的发展？

在我们这个时代，学生的发展对于他们将来的事业具有多么重大的意义啊！不论教学大纲多么完美，学生们毕业后无可避免地会遇到他们不懂的科学知识和新技术。他们必须独立地、迅速地弄懂不熟悉的东西，并且掌握它。只有具备一定的品质，有较高发展水平的人，才能更好地应对这种情况。

这意味着，教育科学应该回答这样一个问题：怎么样安排学校的教学，才能让学生达到比现在更高的智力发展水平？

这里所说的达到更高的发展水平，不仅是指智力发展，也指一般发展。一般发展，即不仅发展学生的智力，还要发展情感、意志品质、性格和集体精神等。在教育学和各科教学法的著作文章中，一谈到这个问题，几乎都是只讲智力发展，以及思维和言语等的个别方面。毫无疑问，思维和言语的发展在学生的精神发展方面占据重要的地位，但是学生的精神发展远不局限于此。

我认为发展意味着：学生变得更聪明、更机灵，记忆力更强，言语更丰富、更准确、更有表达力。但应该怎么给"发展"一个准确的定义，我不知道。

您对学生发展的定义只反映了外部的现象，这些现象只要对学生进行长期的观察是能够发觉的。可能，您对发展的实质感兴趣吧？

学生的一般发展，包括"发展"这个概念的所有含义：从简单到复杂、由低级到高级的运动；从旧的状态到新的更高的状态的上升运动；更新的过程，新事物产生和旧事物的消亡。

如果我理解得没错，那么发展就是质变，就是新事物的产生。

是的！就拿思维的发展来说吧。比如一个二年级的学生，他能够完成需要动脑筋的作业，但是他无法论证他为什么要这样子完成，而不能换一种方式。而三年级学生就会出现一个新的质变：他不仅能够完成题目，还能独立地论证完成题目所使用的方法。随着这种新的质变的产生，思维就发生了变化：如果说先前完成作业时会产生很多错误（随后又进行改正），那么现在他在解决问题时就更有把握了，能够通过正确的途径达到目标。

先前我们谈到的，在小学教学中探索新途径，首先是指使学生在一般发展上达到较高的水平。那么探索新途径与传统教学法之间有何关系？因为传统教学法也宣称学校在学生发展的工作中起着重要的作用。

不错，是这么宣称的。但是我们必须仔细研究一下，传统教学法在实际中是怎样促进学生发展的。实验室进行的研究结果表明，传统教学法在促进低年级学生的发展上，收效甚微。为了揭示传统教学法在促进学生发展方面效果很差的原因，我们分析了小学各年级的教学大纲、教科书和教师参考书等。

在一系列事实和分析的基础上，我们提出这样一种设想：传统教学法的特征正是造成教学对学生的发展收效甚微的原因。传统教学法的主要特征就是要求学生多次地、单调地进行重复，而很少对学生的发展进行有系统的强化训练。

传统教学法下，学生的发展是否充分，对于这个问题我们应该怎么回答？要知道，我国所有的小学都是按照传统教学法来工作的。这意味着，我们只能研究在现有条件下学生发展所达到的水平?

您说的这些观点非常重要。为了回答所提出来的问题，只有一条途径：构建另外一套小学教学论体系，然后检查它在促进学生发展、掌握知识和技巧方面的效果，再把这种效果同传统教学法加以比较。教学和发展问题实验室就是这样操作的。我们采取的主要研究方法就是进行教育实验。实验室所创立的实验教学论体系，在小学教学的安排上，和传统教学法有很大的区别。把按照实验教学体系进行教学的结果，与按照传统教学法进行教学的结果加以比较，才能回答前面提出的问题。

我从事小学教学工作多年，经常有人邀请我参加完善小学教学的研究工作。一般都是这么安排的：就一些问题提出这样或那样的建议，在会上加以讨论，然后科研人员、教学法专家们就把这些材料拿去写文件、写参考书或者编教科书。实验教学体系也是用这种方式建立的?

不是的！实验教学体系是在课堂的实践工作基础上建立的。在开始实验之前，对新的小学教学论体系拟定几条基本要求。在拟定这些要求时，我们依靠苏维埃教育学和心理学的成果，并运用了教师们的先进经验。

您刚才说到，实验教学体系和传统教学法有很大差别。既然数十年来，小学教科书、教学法参考书和许多关于小学教学的书籍、文章都是按照传统教学法来写的，那么怎么才能够建立起一个新的体系呢?

新的教学论体系要一步一步来建立。在研究工作的第一阶段，我们选取了莫斯科第172学校的一个实验班。研究工作从1957年9月2日，即学生第一次跨进校园时开始进行。这个班的教师是刚刚从中等师范学校毕业的 H. B. 库兹涅佐娃。

四年时间里，这位教师一直带着这一批学生。学生们从一年级升到二年级，从二年级升到三年级，又从三年级升到四年级。四年之中，实验室的领导和工作人员几乎出席了实验班的每一堂课、参加了每一次活动，来观察教师的工作和学生学习过程中的一言一行。

虽然从一开始，实验班的教学工作就采取了与传统小学教学法不同的原则、不同的形式，但是无论从整体来看，还是就细节来说，新体系都是在班级实际工作过程中建立起来的。我们每周用两三次的课后时间与 Н. В. 库兹涅佐娃老师进行交流，分析前几天的教学进程，并拟订后面的教学计划。我们把一般的小学教学大纲、教科书和教学法参考书拿出来，就大纲中应该加以研究的具体问题，进行批判性的分析。我们试图弄清楚在促进学生发展方面，有哪些合理的内容，哪些是不好的以及哪些是有欠缺的。

你们四年如一日地坚持研究新体系，这是非常重要的。这样的体系就不是靠想出来的，而是在教学实践的基础上建立起来的。一般的教学法探索，总是缺少对学生的研究——对学生的发展、学习成绩的仔细研究。无怪乎教育学被称为"缺失学生的"教育学。那么，在建立实验体系的过程中，是怎样对学生进行研究的呢？

实验室的工作人员和领导们在课堂和其他活动中进行观察。每一节课都会用笔记或者录音的方式记录下来。不仅对心理发展进行专门的观察，还对知识和技能的掌握进行研究。对这些实验材料的分析，在制定实验体系上起了很大作用。由于我们在另外一个普通班也进行着类似的观察和研究，那个班级由一位经验丰富的、熟练的女教师按照传统教学法进行教学工作，这就让我们有得到另一种实际材料的可能性，这样才能把新的体系和传统小学教学法所取得的成果加以比较。就这样，我们在四年的时间里制订了小学教学实验体系的教学论原则，并根据这些原则编写了教学大纲、供教师使用的教学法和供学生使用的教材（包括俄语、数学、劳动等科的习题，自然、地理、历史等科的课文等）。

在研究工作的第二阶段，实验的规模变得越来越大了。在 1962—1963 学年，开始在加里宁和图拉的 30 个小学班级里进行实验，1963—1963 学年扩大到了 25 个边区和州的 100 个班级。实验班的数量每年都在增加，到 1966—1967 学年，我们在俄罗斯共和国和 9 个加盟共和国的 52 个边区和州里的

1200多个班级进行实验。

我记得，1963年在《教师报》上刊登了图拉和加里宁中学教师的文章，他们所在的中学都是按照实验教学体系进行的。这是在俄罗斯联邦共和国教育部的部务会议之后发生的，部务会议上听取了教育和发展实验室做的关于小学教学新体系的实验工作报告，图拉和加里宁的实验班教师进行了发言。中学教师们对文章非常感兴趣。随后就进行了激烈的争论：一些人支持实验，另一些人则表示反对。一位即将教一年级的女教师写信给莫斯科的实验室，表示希望能在新学年按照实验教学体系工作。她得到了实验室的同意，于是我们学校的一年级就开始实验教学了。

这意味着，教师们是自愿参加实验工作的？有没有这样的情况：不管教师是否愿意按照实验体系去工作，教育部门都会要求他们这样做呢？

实验室向教育部门提出了一个必须遵守的条件：只让那些自愿的教师参加实验。除此之外，还告知教师们，他们中的任何人，如果由于某些原因不能继续参加实验工作，可以随时中止。虽然并没有发生这样的情况，除了一些客观原因（生病、调动到其他城市等。）

为什么不能控制实验班的数量并且集中在一个或几个区域呢？

您知道，大量的实验有助于更好地完成研究任务。在不同条件下的教学，特别是条件差别特别大的情况下，教师的业务水平、能力、经验和教学风格各不相同。每个班级的学生组成特点也对教学工作的展开有很大影响。还有一系列学校和家庭的生活因素也对学生的学习产生着影响。因此，为了弄清学生的发展进程对教学工作的依赖性，非常有必要研究不同条件下教学论体系所产生的不同效果。

此外，大量教师参加实验，能够提供大量的材料，使新的小学教学体系更加具体化、精确化。这样才能将科研实验同教师的革新经验结合起来，发挥共同的力量。教师在日常的教学工作中实践这一套实验体系，才能在实践中进一步丰富它，并提出自己的独特的方法，对改进教学大纲和教学法提出建议。

在上述工作过程中，教师进修学院起了非常大的作用。进修学院的工作人员非常熟悉地方情况，帮助了实验体系的大范围推进。他们观察教学和教育的过程，观察学生的发展情况。他们还主持测验工作并进行分析，这样就掌握了客观的材料，能够发扬优点、改进不足、克服缺点。同时也积累了学生发展和掌握知识的实际材料，这些材料是整个研究工作所必需的。

大量的实验工作有助于实验室根据新体系的原则和实验教学大纲编写教科书。我们编写和出版了一、二年级的实验教科书，还编写了供教师使用的教学参考书。1965—1966 学年，有 30000 名一年级学生使用了这些教科书，1966—1967 学年，同样数量的二年级学生继续使用这些教科书。我们还出版了三年级的教科书和相应的教学参考书。三年级的实验工作是在 1967—1968 学年进行的。

您在谈话中说到，数以百计的教师们参与到教育和发展实验室进行的教学实验中来，年复一年地在进行此项工作。实验教学体系究竟在哪些方面有这么大的吸引力？在学生的发展和使学生掌握知识、技能技巧上怎样取得成效的？

对传统的小学教学法进行分析后发现：之所以在学生的发展、知识的掌握上效果不佳，最主要的原因就是，传统教学法教授的知识范围非常狭窄，内容非常贫乏，还总是采取千篇一律、单调无味的重复方法。教学法专家们为了维护这种教学法，比如说，就拿可接受性原则作为理由，认为更多的内容更深的教材小学生没法接受。但是，根据我们实验室所进行的研究，教师们的经验及相关研究证明：小学生的接受能力比传统教学法卫道士们想象中的要高得多。这意味着，过去那种学习过于简单了。

那又怎么样呢！我觉得，那也不坏啊。孩子们还很小，不要用复杂的材料去为难他们。

我们不要急着下结论。应该听听现实的呼声，再根据实际加以分析。如果教材和题目都远远低于学生的能力,那么学生完全不用动脑子,自然就得不到提高和发展。学生的智力、情感和意志也像肌肉一样,如果得不到锻炼,如果不施加一定的压力,它们反而会衰退,不仅得不到提高,可能还会变得迟钝。

我想用自己观察的实例来证明,这个观点是对的。我们经常看到,小孩子迫不及待等着开学,刚开始的时候他们学习热情高涨,但是很快就冷却下来了,写作业的时候"懒洋洋"。这时候,促使他们去学习的不是内心的意愿,而是学校和家长的要求。

您的观察非常准确。学生们之所以丧失了学习的兴趣,是因为教学的安排不正确。教育的这种不当还会导致另一种后果:学生的智力得不到充分的滋养,学校布置的作业简单乏味,所以学生根本不动脑子了。

这让我想起条件反射理论创始人伊·彼·巴甫洛夫的话。如果集中刺激大脑皮层的某个地方,或者像巴甫洛夫实验室里常说的那样,"叮在一个细胞上",就会使这个细胞进入无兴奋状态,于是出现睡眠——完全的或局部的睡眠。可以设想,如果让学生不断地重复同一个练习,那么他也会昏昏欲睡。

我在课堂上遇到的情形,完全符合您刚刚所说的情况。教师提出问题,学生来回答,他的回答好像和问题沾一点边(这意味着,学生听见了问题,但好像又不是很清楚),但回答得又不正确。恍恍惚惚的学生们真是让人惊讶。给人的印象好像是,他刚刚被叫醒,问题是听见了,但又没有完全弄明白,自己也没法给出清楚的回答。

您提到的这些和我们的研究情况非常符合,我们把实验班学生和斯塔夫罗波尔几所学校的普通班学生的基本思考过程进行了比较研究。研究结果发现:在按照传统教学法进行教学的普通班里,到一天或者一个学年结束时,压抑的现象会比实验班严重。

只有使学生的大脑皮层处于活跃状态,学生才能在发展上和学习上取得进步。

如果能够证明，学生可以取得比现在更大的发展，那么就会发现小学教学中的巨大潜力。这种潜力将非常有助于实现学生全面发展的任务，同时从根本上提高学生掌握知识、技能和技巧的质量。

我们在实验过程中收集了大量的、多方面的实际材料，可以对这个问题作出回答。我们对低年级学生的观察力、思维、实际操作、道德和审美的品质、意志品质、集体主义思想等都进行了研究。

为什么要选择学生心理活动的这些方面进行研究呢？

我们先从观察力说起。在对这个或那个客体、这种或那种现象的观察中，主要的因素是感觉——这是与外部世界的直接联系，学生所看到的东西反映到他的意识里。这就意味着，我们要想办法使学生观察到周围客体和事物的特征。因为人们有时候是视而不见的，虽然看到了，但很多东西并没有察觉。对周围事物视而不见会使人的精神世界变得非常贫乏、单调。如果一个人的亲身观察非常有限，就会变得空话连篇。这种人对很多事情都能谈一点，但是他的认识没有建立在实际观察的坚实基础之上。这种情况不难发现：只要就最平常的现象提一个具体问题，马上就会发现这种人的"直观经验"（如果可以这样表达的话）是非常肤浅的。

怪不得伟大的学者们那么高度评价观察力，并且他们自身就具备这种品质。物种起源论的创始人查尔斯·达尔文在自传里这样写道："我没有杰出的敏捷的理解能力，也没有超乎常人的智慧……另一方面，我觉得有一个优点是，在对转瞬即逝的事物的观察能力上，我是超过中等水平的。"[①]

条件反射理论创始人伊·彼·巴甫洛夫领导的科学研究所的楼房正面墙壁上，按照他的指示刻了一个非常显目的题词："观察、观察、再观察。"

是的，观察力是学者不可或缺的一种品质，特别对于自然科学工作者来说更是这样。对于别的职业，包括在日常生活里，发现事物和现象的细微特

[①] 查尔斯·达尔文：《我的智力和性格发展的回忆录（自传）》，《工作和生活日记》，莫斯科：苏联科学出版社，1957年版，第149~150页。

点的能力不是那么重要吧。

这您就错了！就以您的职业——教师来说吧。难道敏锐的观察力不是教师最可贵的品质之一？作为一个有观察力的老师，学生的欢乐、兴奋、惊讶、怀疑、害怕、受窘和其他细微的内心变化，都逃不过他的眼睛。一个教师如果对这些变化视而不见，他就无法成为学生真正的良师益友，也无法与学生打成一片。再说说其他职业吧！艺术家、作家、工人、工程师、演员——他们都是非常需要观察力，而且是需要敏锐的观察力的啊！

如果学生的观察力发展较好，那么他在参观时就能收获很多知识，在课堂上直观教具的展示过程中发觉事物的特征。反之，如果观察能力很差，尽管他"瞪大双眼"去看，真正能看见的东西却很少。

对于学习俄语、数学来说，敏锐的观察力有什么作用呢？

乍看起来，可能觉得要掌握俄语知识和技巧并不需要观察力，因为学生学习的是单词，而不是事物。但是如果结合学校的实际情况，我们就会做出不同的判断。比如学生学习了词语和词尾的清辅音字母的正字法，当他在书写单词的时候，就必须使用学习过的规则。而为了在需要的场合运用这种规则，他就要学会在词里"看出"这种正字法现象——存在还是不存在。数学中就更是这样了！您回想下，用带"0"的数进行乘法、除法运算时出现的那些错误！对于这些错误出现的原因，一般意义上的解释是因为注意力没有集中。但是，除了这个原因，很大程度上是因为观察力水平太低了。

你们运用什么样的方法来研究观察力的发展情况？

在我们采用过的方法里，有这么一种。把学生不认识的鸟的标本或者植物的标本放在他面前，先让他仔细观察，然后再进行对物体的描述。我们要弄清楚的是所谓的"分析性观察"的特点，也就是说，是学生在观察过程中区分出物体的各部分及其特征的能力。

那是不是，需要给学生这样或者那样的一些提示，以便对观察的过程进行引导？

噢，不要！在这里恰恰不需要这么做。因为我们的任务并不是教会学生怎样观察，而是要弄清楚在独立区分物体的各个部分，观察它们的特点方面，学生的能力如何。如果给学生提出确定的问题（比如："鸟的翅膀是什么颜色？"），那就等于说，是教师暗示他应该注意哪些部分，并且应该说明这些部分的特点（颜色、形状、大小等）。而我们所要做的，就是要弄明白学生在独立观察物体方面，到底处于什么样的水平。

前面我们谈到过，对小学生进行研究，应该回答下面的问题：在目前这种由来已久的教学法体系下，学生的发展是否充分？为了回答这样的问题，也许，有必要研究一下在普通教学法和新的实验教学法中，同一年龄段学生的观察力发展的不同情况。

那当然！在整个研究过程中，要一直把普通班学生和实验班学生的发展进程进行比较，从第一学年开始到全部教学结束。

结果怎么样呢？

我们先一起来对比下，实验班学生和按照传统教学大纲学习的普通班学生的研究结果。

在第一学年开始之初，实验班学生和普通班学生没有什么差别：两个班的学生都主要指出鸟的各部分的颜色（其中实验班学生有63%，普通班学生有60%都是说出关于颜色的答案）。这就是说，学生的观察过程是比较片面的。

除了颜色，学生还能观察出什么属性呢？

他们还能观察出鸟的身体各部分的形状、大小等。

您刚才介绍过，实验班学生和普通班学生在入学之初分析性观察力的水平，那么后来的情况怎么样呢？

两年后，我们还是用同样的方法对原来的学生的观察力进行了研究。这时巨大的差异就出现了：普通班的学生主要看到的是颜色（71%），而实验班的学生不仅看到颜色（36%），还能观察到鸟的身体各部分的大小、形状、各部位之间的关系和很多别的特点。(比如："鸟的喙长长的，弯弯的""鸟的爪子有三根是朝前的，一根是朝后的"。)

最好可以介绍一下，学生是怎样描述他们所观察的鸟的。

那些随意挑出来的描述，倒并不是最值得注意的，反倒是应该注意那些对能力强的以及能力差的学生的描述，这才是具有代表性的。我们从普通班和实验班各挑选出一个能力最强的学生，看看他们对燕鸥这种鸟的描述。普通班的学生叫谢廖沙，实验班的学生叫奥科萨娜，两个描述都是在第二学年结束时进行的。

谢廖沙的描述是这样的：

"它的翅膀是灰的、白的和灰白色的。胸脯是白色的。头是黑色的。喙长长的。羽毛是黑色的。鼻子上有两个小洞，像是鼻孔。尾巴是灰黑色的，这儿（下面）是白色的。小眼睛是微微的褐色。脚趾很大，腿又长又直。"

现在来看看奥科萨娜的描述：

"我来说说鸟爪。爪子短短的、细细的，黑色里混杂着褐色。爪子上有3根带指甲的东西朝前，一根很小的朝后。这是蹼。现在来说说鸟喙。嘴很长，开始比较宽，然后变窄，下面是圆的。嘴的上面是鼻孔。它转过半个头来。头上好像戴了一顶帽子，不过是在这儿（后脑上），不在这儿（前面）。胸脯和这儿（颈部）是白色的。它的背部是灰色的，尾巴是像箭头那样堆叠的。眼睛是浅褐色的，而这个（瞳孔）是深褐色的。它的眼睛不凶狠，可人们还是能感觉到这是一种猛禽。"

"都说完了吗？"教师问。

"还没有，"学生继续回答道，"鸟喙是黑色的，尾巴上面有两根像箭头的羽毛不是黑色的，比背部的颜色浅很多，有两根是白色的。"

但是普通班的学生呢，也许他们也有要补充的？不可能总是停滞不前吧？

经过两年的学习，普通班学生在观察物体时，能够描述的内容增加了。同时，感觉能力更加细致：他们不仅能区分出物体及各部分的颜色，还能辨别出颜色的深浅（浅褐色、深褐色）。但是总的来说，观察依旧是片面的，主要沿着颜色这一条主线来进行。实验班的学生在观察物体时，也能看出更多的东西来，但是相对于第一学年之初，他们在第二学年末变化之大非常明显。比如说，实验班的学生经过两年的学习后，对所观察的鸟进行描述，总数增加了100%，而普通班的学生只增加了32%。最重要的一点是，到第二学年末，实验班学生的观察过程变得更加全面。得益于学校教育的结果，学生不仅能观察出更多的内容，而且观察力发生了质变，得到了提高。这说明学生已经过渡到了更高的发展阶段。

您介绍了实验班学生经过两年的学习后，观察力得到了较大提升的情况。可以设想，在今后的发展中，他们一定能取得巨大的进步。

是的，这种设想被证实了，我们不仅让学生看鸟、植物标本这些相对简单的物体，还让他们观察绘画作品。我们让实验班和普通班的学生看伊·希什金的《河岸（纳尔瓦河附近的乌德里阿斯）》画作复制品。

结果显示，实验班学生观察力的完整度，要比普通班学生高出一半。

这种差别太大了，观察力的质量方面有哪些特点呢？

如果把实验班和普通班的学生对画面细节的描述加以对比，就能看出很明显的特点。当然，必须将优等生和优等生放在一起比较，将差生和差生放在一起比较，这样才有意义。我们把实验班的优等生 Л. 伊戈尔对海的描述，和普通班的优等生 E. 廖莎的描述加以比较。

Л. 伊戈尔："这幅画上画的是大海和沙滩口。这里的天空很明朗，水清澈碧蓝，和河岸边沙滩那儿的水不一样。这些凸出部分（沙滩口）的尾端是尖角的。有几块石头落在水里。大海向远处延伸，仿佛与天空连接在了一起。海边水泛着泡沫。"

E. 廖莎："画的是海岸。石头露出了水面……那儿（远处）是水（海湾）……大海中间部分的水暗一些，而这里，从两边看，亮一点。"

与普通班同龄人廖莎相比，实验班的学生 Л. 伊戈尔观察到的内容更多，而且能指出画面各部分之间的关系。廖莎只说出"大海中间部分的水暗一些，而这里，从两边看，亮一点"，而伊戈尔能把水的颜色和天空的颜色联系起来。他还指出，沙滩口的尾端是尖角的。除此之外，伊戈尔还注意到了一些不易察觉的细节特点："大海向远处延伸，仿佛与天空连接在了一起。"

对于学生观察力情况发展的研究，是只限于此，还是也用过其他方法，在其他学校进行过？之所以这样问，并不意味着我认为所得的结果不可信。相反，我们看到的事实都是非常鲜明，非常有代表性的。不过，为了充分地证明观察力的发展对教学论体系的依赖性，需要在不同的条件下，用各种不同的方法来对观察力的发展进行研究。

学生们同时还看了 H. 舍万德罗娃的《农村图书馆》画作复制品。没有告诉学生这幅画的名称。学生在仔细看过这幅画后，要回答下列问题："这是什么地方？你为什么认为画上的是图书馆？你为什么认为画上的是农村图书馆？"利用这种方法，可以弄清楚学生正确地解释自己的观察的水平。

我们还用了别的方法。不仅在莫斯科的学校里进行研究，还在加里宁的两所学校进行了。

您举出的例子非常有说服力。正如您所说，这是把实验班的学生和按照旧大纲学习的普通班学生进行比较得出的结果。那么普通班的学生在采用官方新大纲，也就是教育部批准的通用大纲后，观察力发展情况如何呢？

我们对此也进行过研究了。我们同时在采用了新大纲的班级，和采用我们的实验大纲的班级里，对学生进行观察力情况的研究。在第一学年初（1969 年 10 月），学生在观察鸟的标本时，每人平均能说出鸟的特征的数量，普通班是 5.7，实验班是 5.2。到了第二学年末（1971 年 4—5 月），普通班为 8.5，而实验班为 17.5。这意味着，实验班学生对所观察对象的描述增加了 203%，而普通班学生只增加了 49%。在观察的质量（关于颜色的描述同关于形状、大小和细节特征的描述的比例）方面，也同样存在着明显的差异。

采用新大纲的普通班学生成绩竟然如此差，实在让人大吃一惊。该怎么解释这种现象？现在低年级学生所学的内容不是比以前增加很多了吗？

我们先来认识一下对学生思维研究的结果，然后再来回答您的问题。

各类教育学的书籍和文章里经常谈到学生思维的发展，至于具体怎么来发展，却没有涉及。结合新体系下的小学教学改革研究学生思维的发展，这是非常有意义的。

教育学和各科教学法的书籍里谈到思维的时候，一般情况下是把概念掌握的问题放到第一位的。同时也会谈到比较和概括。在新体系的小学教学改革里，我们尝试用各种不同的方法来对思维的发展进行研究。特别对于迄今为止人们未能关注的一个思维特点——"从不同的角度观察同一个事物的能力"，我们给予了特别的重视。

举一个简单的例子来说明我们的想法。同一个动物，可能是食草的家畜或者食肉的家畜，也可能是食草的野兽和食肉的野兽。这取决于我们从哪个角度来看它，然后再决定把它归类于食肉类或者野兽类，食草类或者家畜类。如果我们把一个动物归入家畜类，那么它是食肉类这一点就退居其次，反之亦然。同时从几个角度来看也是有可能的：一种动物同时既是家畜又是食肉类（比如说狗）。

按照动物归类的方法，我们设计了一套研究思维的方法。在桌子上摆出一些几何图形（立体的）让学生观察，这些几何图形按照三种特征（形状、高度和颜色）各有不同。图 8-1 就是这些图形的示意图。您可以看到，有些图形可以按颜色归为一类。比如说，把所有绿色图形挑选出来。这样一来，归入这一组的既有圆柱体也有三棱柱，同时高度上也是各不一样。在这种情况下，在学生的思维里，先把颜色放在第一位，而形状和高度似乎是可以不用关注的。也可以按照形状和高度的标准来对这些图形进行分组。最后，也可以同时根据两个特征——形状和高度来分组，这样就分成了四组：第一组是低圆柱体，第二组是高圆柱体，第三组是低的棱柱体、平行六面体和截角锥体（学生称之为"多面体"），第四组是高的"多面体"。

教育的目的

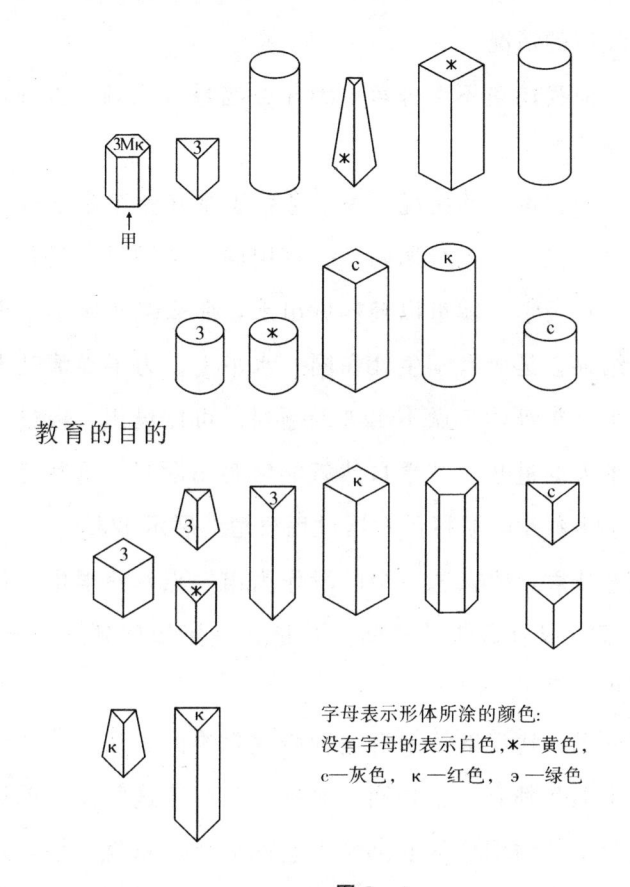

字母表示形体所涂的颜色：
没有字母的表示白色，*—黄色，
c—灰色，к—红色，э—绿色

图 8-1

为什么给学生出这一类题目呢？这种题目太复杂了，而且和教学工作毫无关系。最好是采用和学生学习相关的、比较简单的方法来研究学生的思维。

我们采取了多种不同的方法来研究学生的思维，其中有些方法是比较简单，比较贴近学生的学习活动的。在课堂上和课外活动中也搜集了许多实际材料，同样能够说明问题的实质。但是我们之所以要选用上面所说的这个比较复杂而且与教学没有太大联系的方法来研究思维，是出于以下原因的：虽然学生的发展与知识的掌握密不可分，但是知识的掌握和发展毕竟是两回事。关于这一点，我们在今后的谈话中还要加以详细讨论。既然知识的掌握和学生发展并不重合，那么就应当尽可能地采用学生在学习过程中没有遇到过的材料和方法来研究发展的情况。

就当是这样吧。但我还是不太理解，为什么题目这么难。也许，还是选择简单点的题目更合适吧。

您没有考虑一个非常重要的情况。为了考察思维在整个小学教学阶段的发展情况，需要在一、二、三年级期间，一直用同一个题目来进行测验。如果题目过于简单，一年级学生就可以轻松做出来，那么二年级学生做起来就更加觉得简单了。结果会是所有学生处在同一水平上。为了弄清楚发展的进程，就需要选择一个一年级学生做不出来的题目。可以设想，经过三年的学习之后，学生有了很大的进步，结果自然就能解答出题目。这就是说，利用这个题目，可以把学生在小学阶段的发展过程清楚地展示出来。

明白了。这就意味着，要以这一个阶段作为出发点，使学生不仅在二年级，而且在三年级都可以有进步的空间。要是在一年级就到达"极限"了，那么后面就没法进步提升了。

您的理解是正确的。建议继续来看这种研究思维的方法。在四组几何图形中，每一组的各个形状都有一个相同的名称。我们把这些几何图形随意地摆在学生面前，在每个几何图形的底部贴上它的名称，这就是说，只有当做实验的教师把图形倒转过来的时候，学生才会看见他们的名称。任务就是，学生需要自己去确定分组的规则，把名称相同的图形放到一起。在完成任务的过程中，先给学生拿一个图形作为示例（从图形中任意挑选一个），然后让他把选出来的图形和示例的样品放在一起。如果学生选的是对的，就让他把选出来的图形留在他放的地方。如果选择有误，教师就把这个图形倒转过来，让学生看看底部的名称，然后再把它放回原处。这样一步一步地进行下去，就能看出学生活动的结果了。如果学生能够正确地将图形分成四组（同时按两个特征划分），那么再向他提出一个问题："你是根据什么特征把这些图形分成四组的？"这样子，学生就对自己解题的方法加以论证。

在完成这个任务的过程中，实验班学生和普通班学生有什么区别吗？

在第一学年的时候，实验班学生和普通班学生没有什么区别：没有一个学生能做出这道题。

这意味着，题目选择是正确的。对低年级学生的思维的研究，确实应该从"零"开始。

那么，实验班学生和普通班学生在第一学年没有什么差别，这一点无须再有什么疑问。实际上，如果实验班学生在第一学年就处于领先地位，那么在以后各年级超过普通班学生时，就会被认为，从一开始就是挑选了一批发展水平较高的学生在实验班。既然第一学年没有什么差别，那么这一类的质疑就不攻自破了。

完成这道题的学生的百分数请见图 8-2。在第二学年，16%的实验班学生能完成这道题，而普通班学生里有 11%。这里已经能看出实验班学生占据较大的领先优势了。到了第三学年，实验班学生在思维发展上出现了非常大的飞跃：80%的学生能够完整而且正确地完成习题。而普通班只有 16%的学生能完成。

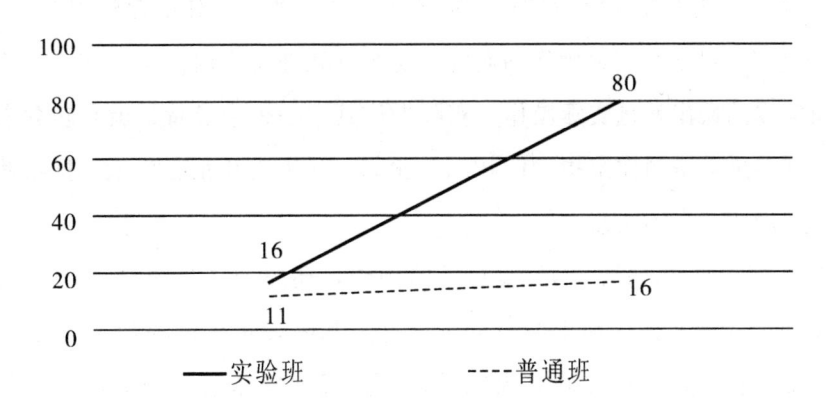

图 8-2 思维发展情况

确实！领先得非常多。但是这些数据只能说明思维发展这一个方面，当然，这确实是非常重要的一个方面。那么其他方面的特征如何？

我们也研究了学生对因果联系和某些物理规律性的理解程度。在这些方面，实验班学生同样处于遥遥领先的地位。

那么，小学各年级采用官方颁布的新大纲之后，学生的思维发展有什么变化吗？

我们在1969—1971年间，把使用官方新大纲的班级学生和实验班学生进行了对比，研究学生的思维发展情况。检验的方法和我们刚刚谈的一样。我们按照学生解答习题时思维的缜密度和质量来划分成几个组——从水平最低的组到水平最高的组。到第二学年末（1971年5月）的时候，水平最高的组里，有72%的学生都是来自实验班，而普通班学生只有14%。如果再把这些数字和我们在图8-2里看到的情况进行比较，就可以清楚地看出区别来：和使用旧大纲时相比，普通班几乎没有什么变化，水平依旧很低，比使用实验大纲所取得的水平低很多。

您向我们介绍的关于观察力和思维发展的情况，都是属于认知世界方面的，就是说，是属于学生脑力思维的方面。我们很想知道，学生在实际操作方面的发展情况，比如说，在劳动教学中，指定让学生制作某件物品时，他们的实际动手能力如何？劳动操作应该也是属于实际操作的范畴吧？

您提到了对学生实际操作的研究，这个问题非常适时。学生在劳动教学过程中所完成的操作就是实际操作。实际操作其中一个主要特征就是包含着手工操作，其结果就是制作出指定的物品。比如，学生用几张彩色纸，把纸裁成小片，然后做成一个小花篮。

值得注意的是，这里不仅包括手的动作，还应该像伊·彼·巴甫洛夫院士所说的那样，把大脑和手结合起来。这意味着，不仅应该研究手是怎么样完成劳动操作的，还应该研究大脑是怎么样规划操作的。学生在着手制作物品之前，是否进行计划，考虑要完成哪些操作，按什么顺序进行操作？实际制作物品的过程和学生事先的计划是否符合？如果在制作过程中发现有错误，学生是否能及时发现并进行改正？

劳动操作的这些特点，确实很能展现出学生的发展情况。

那么实验班学生和普通班学生在这方面的情况如何呢？

在二年级实验班，有 30% 的学生能够完全规划出制作物品的过程，而在普通班，没有一个学生能做出制作计划。能够部分地制订出制作计划的，实验班有 42% 的学生，而普通班有 32%。计划做错的学生，实验班和普通班各占 25%。完全做不出计划的，在普通班有 41% 的学生，而实验班则没有这样的现象。

差别是非常明显的。

在第三学年里，发生的变化更加明显。实验班里所有的学生，都能完整或者部分地做出操作计划，没有出现计划制作错误的情况。而在普通班，只有一半的学生能做出操作计划，其他的学生要么计划制作错误（按照这样的计划，是不可能制作出指定的物品的），要么根本做不出计划。

实验班学生遥遥领先于采用新大纲的普通班学生的情况已经被 H. K. 因季科的研究（1970—1971 年）所证实。

在二年级和三年级所研究的是同一批学生吗？

是的！

这样的研究方法更能证明实验班学生的领先地位。为了更加彻底地说明这一点，有必要说一下，此项对发展的研究工作在多少所学校进行的，总共研究过多少名学生？

在过去的研究过程中，我们在俄罗斯联邦共和国许多边区和州立学校里，对 2000 多名小学生进行了发展情况的研究。对这 2000 多名学生的研究，是采用的心理实验方法。而对观察力、思维和实际操作的发展情况的研究，是采取单个学生的研究方法的。除此之外，还有 6000 多名小学生参加了小组实验。

上述研究所得的事实非常有说服力，证实了新的实验小学教学体系相较于传统的小学教学体系更有优越性。这一系列事实说明，新的体系与教学任务相适应，新体系相较于传统的小学教学体系，对学生的发展更有利。

正如 M. B. 兹薇烈娃的研究所表明的那样，在按照实验体系进行教学的过程中，有一点非常重要，那就是要培养学生性格中的一些宝贵品质。在这一点上，实验班学生也比传统教学法教出来的班级学生更突出。举一个实例来说明吧。普通班的学生在完成上述按样品挑选几何图形的任务时，常常对自己的行为没有信心，总希望能得到外界的帮助，如果没有教师在旁边加以肯定和鼓励，他们就会很快放弃已经采取的方法。比如说，四年级的 И. 萨沙本来已经听懂了教师的讲解，却突然又提问："总共挑几个呢？"另一个同年级的女生 Ц. 玛莎也希望得到更详细的指导，她问道："应该是几个——四个吗？"

只要声调有点异常地问一句："你确定这个几何图形选得正确吗？"普通班的学生就会变得困惑起来，然后立马放弃本来是正确的思路。

实验班学生的反应则完全不一样，他们对自己的行为信心十足。

这些材料有力地证明了，实验教学不仅对学生的智力发展，而且对学生的一般发展都带来良好的效果。如果能培养学生养成良好的性格品质，那么这将成为他们顺利地完成学习和正确行为处事的保障。

我想补充一点，和谐而坚强的性格的培养，不局限于学校学习的时间。这对一个人今后的全部生活——对他的劳动和社会事业，对他的个人生活和集体生活——都是非常重要的。

也许，你们对学生个性的发展也做了研究吧？对这方面很感兴趣。

需要指出的是，实验班的学生总是努力在论证自己的行为。当他们采用某种方法来挑选几何图形时，他们总是要论证为什么采用这个方法。这并不是因为要回答教师的问题，而是他们出自内心的自发行为。例如，Ч. 塔尼亚在完成挑选几何图形后，教师并没有提启发性的问题，她自己说出推断："我觉得，好像都挑完了，因为这些（她指着剩下的高的图形）都是大的，而这些（她挑出来的）都是小的。如果说这些（指着低的圆柱体）也是小的，但他们是圆的，而这些（她挑出来的）不是圆的。"

其他学生也经常在努力论证自己的观点。当他们无法用语言来解释自己的行为原因时,就会感到不好意思,认为自己没能彻底完成任务。与此相反的是,普通班的学生无法解释自己决定的原因时,他们并不会感到羞愧。如果教师不从旁提示,他们根本不会去深究原因。

实验班学生和普通班学生在自我控制力上也存在很大差异(根据伊·伊·布德妮茨卡娅的研究)。当制作难度比较大的物品时,75%的普通班学生完成作业的水平都非常低,他们一直到作业结束以后才能发现自己选择的步骤是错误的。完成作业水平比较高的学生比例,在普通班只占25%,而在实验班占了86%。

实验班学生的道德情操发展情况如何?请介绍一下这方面的情况,让我们对学生的精神成长有一个全面的了解。

需要说明的是,实验教学体系在学生的道德情感和意志品质的形成方面,同样取得了自己的成果。

以课外活动为例吧。在进行这项工作时,往往只给学生留下很少一部分自由活动时间。例如,在班级里办一次图片剪辑或出一期黑板报,教师总是担心学生独立写出来的通讯稿不合适,挑选的图片不恰当。总而言之,教师的注意力集中在结果上(图片剪辑做成什么样子),而没有关注工作的过程和教育的结果。

教师总是努力使一切看起来都有条不紊、完美无缺。但是,年幼的学生不可能把一切都做到无懈可击,于是成年人就提供现成的形式,学生只要记住这些形式,然后照样子来做,照样子写下来就行了。有时候,教师把每一个步骤都告知学生,学生只要扮演执行者的角色,稍微添加一些自己的东西就可以了。

死记硬背,而不用心体会,只是按照教师的指示亦步亦趋地进行,学生的个性是不可能得到深刻的发展的,这种个性的发展也不可能成为学生享用一生的真正财富。

还有一点不能忘记，每个人的发展都经过许多步骤。开始的阶段距离教育者所追求的最终目标还非常遥远，但是，如果学生独立思考、情感活跃，这就是达到最终目标的有效保障。

从学生的手里做出来的东西往往漏洞百出，这样放手是否合适呢？我们应该把样品给他们，让他们学着做。开始的阶段，教师可以多帮助一些，以后再逐步减少帮助。到最后，学生就能独立完成任务了。

我认为，不应该过早地放手让学生独立去完成作业。这一点上，应该严格按照循序渐进的原则来。

我们具体来谈谈这一点。"过早"意味着什么？如果牵着学生走，一直牵到四年级，那就会在对学生的真正教育上浪费掉三年的时间。所谓真正的教育，是指学生不仅完成教师的任务，而且个性、精神生活得到自然的成长。

学生的道德发展也在和同学们的相互关系中体现出来。我们应该清楚地意识到，学生的真正的道德发展，不是进行空洞的说教，重复人尽皆知的真理就能得到的，而是在学生的集体生活中产生的。

如果教师在指导学生上，能够摆脱掉形式主义，将道德发展问题与学生的学习、校内校外的生活紧密地联系起来，经过反复甚至是十分复杂状况下的思考，这个问题就会最终得到解决。要培养学生真正的正义感与诚实的品质，必须要从"怎么样才是正确的"入手，从思想和感情上打动学生。

我们一起来听一段班会记录（三年级开学初）。班会内容是选举班长。正在对候选人娜塔莎的表现进行讨论：

妮娜："我觉得，娜塔莎完全胜任班长的职务。她连男生都管得住。"

维嘉："她有一点很不好——她常常说谎。"

安德留沙："那是很早之前的事了！"

瓦莉娅："她对自己要求比较严格。"

安德留沙："她爱笑。"

女教师："有时候，爱笑没什么关系，但总的来说要严格要求自己。"

维嘉："我经常去她家，她在家不听话。"

别人在讲到她的时候，娜塔莎就不停回头看说话的人。听到维嘉的话，忍不住反驳："我什么时候不听话了！"

现在开始讨论另外一个班长候选人奥科萨娜。

鲍里亚："我觉得，她会成为一个好班长。"

女教师："为什么呢？"

鲍里亚："她已经当过小队长了。她能叫那些学习不好的同学认真地学习。"

女教师："这确实是很好的品质。"

鲍里亚："我写字写得不好时，她帮助过我。"

维嘉："可是她只帮助自己那个小队的同学。"

鲍里亚：（愤慨地）"为什么要求奥科萨娜帮助所有的同学？"

女教师："交给她的任务是一个小队，所以她就只帮助自己小队的同学。"

伊戈尔："她对大家要求太严格了！"（所有人都大笑起来。）

雅罗斯拉夫："我和安德烈比较了解她的性格。你坐在那好好的，什么也没做，她也要过来管你。"（微笑。奥科萨娜也笑了起来。）

女教师："你们边说边笑，自己也忍不住笑了，这意味着，没有人生奥科萨娜的气。"

乍看起来，这样对候选人进行的讨论好像有点混乱，"没按规矩来"。但这里面的可贵之处在于，学生们说的都特别诚恳特别直率。他们从品质上来评价自己的同学，而且非常认真严肃地进行思考。学生们并没有急于结束这一套令人厌烦的选举程序，令人遗憾的是，后一种情况是很常见的。

是的！这一点非常不容易：当着全班同学的面，说自己同学或朋友的缺点。更难的是，要把这件事当成理所当然。当然，这一切不会那么顺利。但最后，直率和诚恳取得了胜利——当然，这要求学生处在一个利益相同目标一致的集体中。

友谊和友爱是学生集体应该具备的品质。尽管它们的表现形式那么复杂，会遇到多少难题，要经历多少喜悦和悲伤！然而，这就是生活啊！

第九章　教学大纲和教学方法

从上一章的对话中我们知道，根据小学实验教学论体系进行教学，能够在学生的一般发展上取得较大成绩。

既然实验班学生在发展方面和学习成绩方面都大大超过普通班学生，这样看来，实验教学体系一定和传统教学体系有很大差别。

确实是这样。三年制的小学实验教学大纲从1961年起就采用了。大纲要求学生要多接触多认识周围世界：从一年级起就教授一些自然和地理常识，并在教学时间表里专门为这两门课安排了教学时间；从二年级起，就引进历史材料。并用理论知识充实了俄语和数学的教学大纲。例如，在一年级，就给学生讲解一些关于词类的知识和有关的术语："名词""单数和复数""名词的性"，等等。在数学方面，一年级学生会学习加法和乘法的运算规律，减法和加法的关系，等等。[①]

我知道实验教学大纲，因为我们学校就是采用这种教学大纲进行教学的。

积极的智力活动使学生在一般发展和学习上都取得了良好的成果。

这样会不会使学生过分紧张呢？毕竟学生的精力是有限的，如果超出了承受范围，可能结果堪忧。

首先需要说明的是，在进行高难度教学的同时，我们也掌握着难度的分寸。所谓掌握难度的分寸，在我们的理解中，绝不是要降低难度，而是要合

---

① Л. В. 赞科夫：《论小学教学》，莫斯科：俄罗斯联邦教育科学院出版社，1963年版。

理地运用以高难度来进行教学的原则。这条原则的效果如何，特别需要注意的一点是，在实际教学中要给学生提供他们所能理解的教材。如果没有掌握好难度，给学生提供的材料他们完全无法理解，那么他们就会不自觉地走上机械化记忆的道路。这样一来，高难度这个正面的主张只能适得其反。

既然在实验教学体系下，学生的发展进步很快，那么他们在掌握知识、获得技能和技巧方面也会得到更大的提升。

非常重要的一点是，在实验班学生身上，产生了一种强烈的求知欲和完成难度较大任务的意愿。我们举实验班的一个实际例子来说吧。在学习分数的课上，女教师说 21/100 加上……（有意不说加多少）学生们大喊道："加多少呢？"教师回答说："加 19/100 吧。"被提问的学生回答说："等于 40/100。"底下坐着的学生喊道："真棒！"学生们都满意地笑起来了。教学就是在这种高涨的热情中进行的。这时候铃声响了，下课的时间到了。学生们喊道："啊，多好玩啊！""妮娜·米海伊洛夫娜，我们来得及全部做完吗？"教师回答说，是有点来不及了。学生还要求在下课休息时间继续做。

这样的例子在实验班是非常普遍的。凡是到实验班来听课的教师，都非常满意地发现，实验班学生的特点就是求知欲特别强烈。学生对课堂教学的内容非常感兴趣，争先恐后地举手发表自己的看法，提出许多聪明的问题想把自己没有完全理解的东西弄清楚——这一切都说明他们有强烈的内在的学习欲望。

可是日复一日这样子，会不会使学生变得比较疲倦？当学生沉浸在学习中，完成困难的作业时，他可能自己没有觉得累，但实际上，疲倦已经产生了。

确实，凡事都有个度。实验班的教师们密切关注着整个学习过程，不会让学生过度劳累。很重要的一个情况是：实验班学生的户外活动、体育运动时间，比普通学生多很多。实验班组织很多参观旅行、户外比赛、散步等活动。家庭作业占的时间也比普通班级少很多。

在莫斯科和其他几个城市进行的身体检查的数据证明，实验班学生的疲劳程度比普通班轻，而健康状态更好。

您所介绍的实验情况非常有价值。现在小学里采用的新教学大纲跟"教学和发展实验室"制定的大纲很接近，但是在内容和深度等很多方面无法和实验教学大纲相提并论。

小学教学过渡到新教学大纲，这是一个很大的进步。在最近几十年里，不论是在内容上还是在教学方法上，小学教学都没有进行过重大的改革。但是小学的教学工作好坏与否，对今后的教育成果起着决定性的作用。

同时需要强调的是，教学方法和各科教学法体系的重大作用，其中教学法体系是通过教科书和教师参考书等具体体现出来的。小学过渡到新的教学大纲的成果如何，在很大程度上要取决于具体的教学情况。

您之前谈到，小学教学应该内容丰富充实，并且要保持较高的难度和水平。我们之前也了解到，关于这一原则要怎样在教学大纲里体现。那么，就各门学科的教学方法和教学方式来说，这方面的情况如何呢？

我们谈到大纲内容要丰富充实并且要以较高的难度进行教学，首要目的是让学生认识周围世界，让他们充分理解俄语和数学教材中的各种联系和相互依存关系。比如说，我们并不是让学生去演算大量的多位数加法的习题，而是要弄懂加法的结合律。让学生去演算多到数不清的复杂算术题是有困难的，但这并不是我们所说的那种保持较高的教学难度。演算大量的复杂习题，难度在于学生要花大量的精力在防止出错上，并且要克服单调乏味的负面情绪。在这种情况下，学生的脑力活动是在原地"打转转"，并没有真正在动脑子。学生如果弄懂了加法的结合律，他就会去了解新的知识，并且把结合律和具体的运用实例结合起来——总之，他的思维就会扩展开来，从多方面进行思考，这会促进学生的发展，提高知识的掌握质量，并且在充分理解的基础上掌握技巧。当然，演算习题是必不可少的，但是前提应该以学生掌握知识为基础，同时，在安排上也要得当，不能让学生昏昏欲睡。

用多次重复下形成的死记硬背，来代替深入的思考，这种现象是非常普遍的。比如说，在学习数数的时候，教师给学生出了这样的题目："说出一个数字相邻的两个数字。需要这样说明：与4相邻的两个数是3和5，3是前面的一个数，5是后面的一个数。"这就是说，学生需要先背会这样的语言表达方式，然后每当教师要求"说出一个数字相邻的两个数字"的时候，先要从脑海里提取出这个表达形式。

但是，当学生解答应用题的时候，他们的大脑应该总是朝着一个合理的方向发展，而不是走多次重复、死记硬背的老路吧？

一直以来，人们都认为在算术教学中，应用题的解答是最有利于开发智力思维的板块。但是死记硬背的方法也渗透到了这一板块。请看教学法书籍里给教师提供的建议："现在（即把应用题简单地抄写下来之后），可以转入编写解题提纲的环节了，也就是在教师的指导下，组织学生集体来分析应用题，编出解题提纲。"写出解题提纲后，又强调说："要让学生在今后学会独立分析应用题时，能够按照同样的提纲去寻找答案，这一点是非常重要的。这就要逐步地教会学生能够像教师那样，同样的提出问题来。"所以说，解题的提纲甚至连对问题的表述，都不是出于对生活情景的理解，不是出于对已知条件和未知数之间的关系的思考，而是出于背会了应当提出的问题。"独立分析"和"寻找解决方法"这两个概念有自己的含义，这里所谓的"独立"和"寻找"，原来只是运用背会的提纲编写程序和解题方法。

确实，这就像是，一个人因为腿有残疾，坐在一个特制的小车子上，人们却说："看，他活动得多么出色，多么独立！"

这是很令人痛心的。但还有另一种教学法，能让学生真正地进行思考。

四五年前，我们学校里曾有一个实验班，我在那个班观察到一些很有意思的教学方法方式。比如说，在列宁格勒某校的实验班课堂上，女教师是按下面的方式进行上课的。她在黑板上写下：$75 \times 5 + 75$ 和 $75 \times (5+1)$ 两道题。要求学生们不经过计算，直接说出第一道题和第二道题的答案是否相同。

课堂上变得活跃起来。经过短暂的思考后，学生们纷纷举手，都想回答问题。有一个被喊到的学生回答说，两道题的结果是相同的。"为什么呢？"教师问他。"因为，如果把第二题的括号里的两个数字加起来，等于6。我们用75乘以6……"（他停下来，思考着。）教师说："你说的是正确的，但是没有完整说出自己的想法，没有解释清楚。"另一个学生回答说："75乘以6，等于是把75重复相加6次。第一题里，75乘以5，这就等于把75重复相加5次，再加上一次75。总共是将75重复相加6次，这和第二道题是一样的。所以两题的结果也应该是一样的。"值得注意的是，当同学们在回答问题时，全班学生都屏气凝神地认真听着。第一个学生不完整不全面的回答，让整个班级都笼罩着一种紧张的气氛。而当第二个学生回答后，所有人都心满意足，面露微笑。

这种教学方式，也和实验班采用的其他方式一样，能够振奋学生的精神，激发学生的热情，这一点是非常重要的。

既然谈到一点数学课，那么我想说说我观察到的另一个事例。在莫斯科一个实验班的一节数学课上，正在学习乘法和加法的相互关系，学生先前已经了解了这个问题的大概内容。女教师提出一个问题："是不是所有的加法运算都可以用乘法来代替？"根据这个问题，让大家比较下面两种情况：一种情况是所有的加数都相同，另一种情况是加数当中的一个与别的不同，比如（7＋7＋7＋3＋7＋7＋7）。学生们说，第二种情况中，不能用乘法代替加法，因为这里不是所有的加数都相同。于是教师又问道："那么这道题就不能用更简单点的方法进行运算？一定要把括号里所有的数字连加起来吗？"

学生们提出了各种各样简单方便的解答方案，而伊戈尔的解法是：$7 \times 7 - 4$。在数字处理关系上，这是一个水平较高的方案。如果按照一般学习乘法时的方法，应该会用乘法代替加法的思维方式，那么就自然得出$7 \times 6 + 3$这样的方案。那就是把现有的7加在一起，用乘法来代替加法。可是，伊戈尔能从现有的一列数字中"看出"了另外一个实际并不存在的7，用这个7"替换"了那个 3，于是就实现了把题目里所有的数字都纳入乘法范围的可能。

伊戈尔创造的这个方法，妙就妙在，他在大脑中做出了一个设想（"设想在 3 的位置是一个 7"）。这一步是思维方式中的重要一环：它参与了证明、论证和其他思维过程。

在这里，我们真正清楚地看到，思维在活跃地进行跳动。其优点在于，虽然学生是第一次碰到这种题目，不是事先就教会的，也不是使用死记硬背的方法，而是在非常迅速又准确地掌握新材料的基础上，运用自己的思维进行改造。这可以说是一种高效能或者说是创造性的思维。

实验班的教学特点，在学生理解算数运算的组成部分的变化与所得结果的变化之间的依赖关系这一点上，表现得非常明显。

下面是实验班课堂上截取的几个片段。

教师："如果把一个乘数变大，乘积会发生什么变化？"

鲍利亚："乘积就会变大。"

教师："如果把两个乘数都变大呢？"

尤拉："乘积会变大。"

教师："与两个乘数中只有其中一个乘数变大时相比，乘积会更大吗？"

尤拉："是的，更大一些。"

教师在黑板上板书：

$5 \times 6 = 30$

$7 \times 6 = 42$

教师："我们把第一个乘数增大 2，乘积就相应增大了。这个就是鲍利亚同学刚刚说的那样：乘积变大了。现在我们把两个乘数同时都增大——第一个乘数还是增大 2，第二个乘数增大 3（板书 $7 \times 9 = 63$）。这个时候，乘积就比我们仅仅增大一个乘数时更大了（63 和 42）。现在让我们把两个乘数同时增大若干倍（板书：3×4＝12，6×8＝48）。雅罗斯拉夫同学，请你说说，乘积发生了什么变化？"

雅罗斯拉夫："乘积增大到4倍。"

教师："为什么？"

雅罗斯拉夫："因为我们把其中的一个乘数增大到2倍，另一个乘数也增大到2倍。所以乘积就增大到4倍。"

教师："如果我们只把其中一个乘数增大到2倍呢？"

雅罗斯拉夫："那么乘积就增大到2倍。"

通过对算术运算的组成部分与所得结果间的关系变化的观察，学生透彻地理解了教材内容之间的相互关系。

还有一次课上，教师提出了下面这样的问题："如果被除数缩小若干倍，商会发生什么变化？"被提问到的女学生正确地回答出了这个问题，教师让她举个例子说明上述的相互关系。加丽娅举了这样的例子：10÷5＝2；5÷5＝1。

向学生讲解算术运算内部之间的相互关系，有时候也会用另一种方式。女教师不是一开始就让学生以抽象的形式来回答问题，而是要求学生注意，如果以一定的方式改变某一组成部分，将会出现什么样的情况。

女教师："科里亚，请你说说看，如果我们缩小除数，将会出现什么样的情况？"

科里亚："例如说，30÷6＝5。现在我们把除数缩小：30÷5，得到的商等于6。如果把除数再缩小：30÷3，等于10；30÷2，等于15。"

女教师："通过这个可以说明什么呢？"

科里亚："除数越小，得到的商就会越大。"

沿着这个方向，引导学生进行更细致的对比，可以使学生更深入地认识算术运算中的数之间的相互关系，和完成运算的方法。例如，在三年级，让学生对比 537 + 249 和 537 + 242 这两道题。同时女教师进行提问："和第一题相比，第二题的运算有什么特点？"

在课堂上还使用着其他一些教学方式，也可以达到同样的目的。在三年级的课堂上有这样一道题：258 + 321。教师提出这样一个问题："对题目中的数字如何进行改变，才能使进行加法后得到的每一位数都大于10？"

在三年级的另一节课上，出了这样两道题：683 + 741 和 683 + 759。任务是要求学生不要进行加法运算就直接回答，哪一题的和更大，大多少。等学生回答以后，再要求学生论证自己的答案，说明答案依据的是加法运算中的哪一种属性。

在这里，学生思维的灵活性和活跃性很引人注意。

您指出的这一点非常准确。还想补充一点，就是在实验小学教学体系中，不仅仅是在数学课堂上，包括整个教学过程中，都设法让学生从各个方面来认知某种现象。举一个简单的例子来说。学生们正在了解家畜和野兽的特点。课堂上给他们展示了两幅图：一张图名为《家畜》，另一张是《野兽》。这两张图有什么作用呢？只不过是让学生记住哪些动物属于家畜，哪些是属于野兽而已。

为了进行真正有效的教学工作，我们把那两张画有动物的图剪开，剪成21张小卡片，每一张上面只有一种动物。黑板旁边放着一块大的活动板，而画有动物的卡片随意放在讲台上。要求学生把画有野兽的图片挑选出来，在活动板上排成一行，再把画有家畜的图片排成另一行。被叫到的同学把大多数图片都排好了，其他学生也都没有意见。但是轮到大象的时候，应该把大象放到哪一行呢？这时就出现争议了。有些学生说，大象是野生动物。另外一些则激烈地争辩道，大象是家畜，因为它和人类生活在一起，并且给人类带来好处。通过这一番争论，学生们开始弄清楚，大象既有野生的，也有驯养的。人们捕捉到大象并且驯养它，它就变成家畜。鹿也是这样的。

实验班里经常还有另外一种做法。教师只把画有家畜的图片放在活动板上，要求学生把那些供人骑的和驮东西的家畜挑选出来，马、驴、鹿、骆驼和大象都归到这一组。然后，要求学生把那些毛能被人类剪下来制成御寒物品的动物图片挑选出来，归入这一组的有山羊、绵羊和骆驼。令学生们感到不解和惊讶的是：骆驼，一会和马、驴、鹿、大象在一组，一会和山羊、绵羊放在一起。经过热烈的讨论后，学生们得出答案：骆驼给人类带来双重好处，既能供人们骑，毛还能供人类使用。

我很喜欢这种教学方式。它看似非常简单，但实际上非常深入。我教低年级学生已经有二十多年了，但是从来没有这么想过，枯燥的图片作业，竟然能绽放出鲜艳的光彩，给学生的发展带来实质性的好处。

这个例子很有启发性：同样一个材料，可能教的枯燥无味，让学生原地踏步，毫无收获，也有可能教得妙趣横生，推动学生的思维向前发展。

还想再了解下，实验教学体系还有哪些特征。

根据实验体系的教学论原则，可以根据教学内容的特点制定一些特殊的教学方法。比如说，我们实验教学的数学教学大纲规定，从一年级起就引入"相等"和"不等"这两个概念，根据这个设计了一系列让学生形成这些概念的教学方式。

有没有这样的情况，就是在教学大纲没有改变的情况下，教学法和传统的教学法相比较发生了变化？

有这样的情况的。拿教乘法表为例吧。我们告诉学生，乘法表里"5"这一栏，可以按照下面的图示法来学习。

$$\downarrow \begin{matrix} 5 \\ 5 \\ =25 \end{matrix} \quad \downarrow \begin{matrix} 5 \\ 6 \\ =30 \end{matrix} \quad \downarrow \begin{matrix} 5 \\ 7 \\ =35 \end{matrix} \quad \downarrow \begin{matrix} 5 \\ 8 \\ =40 \end{matrix} \quad \downarrow \begin{matrix} 5 \\ 9 \\ =45 \end{matrix}$$

上面的一排是相同的被乘数 5。下面的一排是乘数 5、6、7、8、9。箭头的方向表示，应该按照这样的顺序读。

向学生提出这样的问题："从左向右看乘积这一排，每一个乘积比它前面的一个大多少？乘数这一排里，每向后一个，比前面的一个大多少？为什么乘数每增加1，所得的乘积就比前一个大5?"①

为什么要用这种不一般的方式来画乘法口诀表呢？这样会把学生弄糊涂的。

我不明白，您反对的实质是什么。要知道，如果教师在课堂上采用的教学方法不正确，随时可能使学生觉得糊涂。我个人很喜欢上面的教学方法。这样把乘法口诀表直观地展现出来，既清晰又严谨，能让学生自己看清乘数增加后，与相应的乘积之间变化的关系。

您非常准确地说出了实验教学体系中使用直观教具的目的。课本里的图画和图表，教师在黑板上画的图，以及所有的直观手段，都是用来完成一定的教学任务的，总的来说，使用这些直观手段，是为了在促进学生的一般发展上取得良好的效果，从而也就自然地有助于提高学生掌握知识和技能的质量。

本来可以举出很多例子来说明这条原则是怎么具体实施的，不过就挑其中一个来说吧。在以前使用的教科书里，画了一些单个的计数棒和捆成一扎一扎的计数棒，用来教学生认知数和位。我们的实验教科书里也画了这种画，但是和传统教科书（例如 А. С. 普乔柯和 Г. Б. 波里亚科编的教科书）里的不一样。我们这里的直观图不是作为一种说明图来使用的，而是为了使学生能够独立地看懂算术运算的进程和进行运算的程序。见图 9-1：

这张图显示的是两位数的加法运算：36+27。计数棒和成捆的计数棒的位置摆放，把几组联系起来的括号，以及箭头等——所有这些手段都是为了让学生能够直观的在图中看出两位数加法运算的过程。

我们现在不谈数学，来谈谈小学生的作文吧。怎么样开展作文教学工作，才能在促进学生的发展上取得较好的成果呢？

与普通的准则相比，实验班有一个重要的区别就在于，学生从一年级就

---

① Л. В. 赞科夫：《一年级数学教材》，莫斯科：教育出版社，1965 年版。

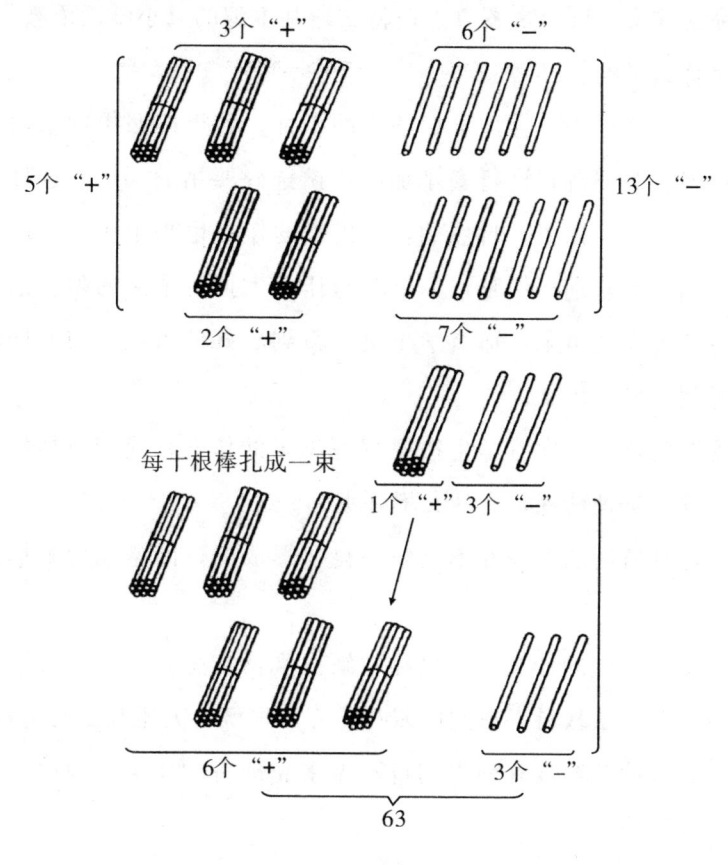

图 9-1 加法的机制

开始写作文，基本上（特殊任务除外）不列提纲，不做准备，也就是说，在写作文前，既不讨论要写什么内容，也不进行词汇和正字的准备工作。如果学生们春天出去旅行，观察了河面解冻的现象。那么第二天，教师就要求他们根据这次旅行写一篇随堂作文。

难道连简单的讨论对话都不需要吗？至少应该简单地说一说，让学生回忆回忆，整理下脑海中的印象。

没有，没有这么做。学生们马上就着手写作文。

为什么要这样标新立异呢？一直以来的做法，都是在一年级时只让学生造一些单个的句子，然后按照问题把这些句子组合起来。到三年级，才开始按提纲写命题作文。И.С.罗日杰斯特文斯基主编的《小学俄语教学法原理》一书中就是这么说的。

按照提纲写命题作文会抹杀掉学生的个性。如果按照提纲来写作文，并且事先对内容、遣词造句进行安排加工，挑选好要用的词语，这样一来，学生的创造性就无处发挥了。自然的，写出来的作文也是千篇一律的，可能只在细节上有稍微的差别。但是，如果教师让学生把每个人的独特的智慧、情感、性格特点等表现出来，那么学生也会得到较好的发展。与此同时，学生的精神力量就会焕发出来。

需要说明的是，每次看学生按提纲写出来的作文，我都心情愉悦。这些作文结构严谨，条理清晰，有什么不好呢？

但是，这种所谓的严谨并不是学生自发形成的，而是他们根据提纲得出来的。

就连高年级学生的作文里，也经常缺少真情实感，这些作文里经常套话连篇，陈词滥调，从教科书里照搬照抄，究其根源，大概都是因为提纲吧？

也许，应该读几篇没有列提纲也不做事先准备的作文。这样我们才能有根有据地展开讨论。

我完全接受这个建议。

那么，我给各位读一读顿河罗斯托夫第36学校的实验班一年级学生在期末写的几篇作文。这是一次测验中的作文，所以没有经过任何事先的准备和帮助。作文题目是教育和发展实验室出的，叫"冬天和春天"。在那一学年里，学生们分别写过关于冬天和春天的作文，所以这里把冬天和春天放在一起写，对于他们来说，是一个全新的题目。学校的教导主任在作文课开始时宣布了题目，并且自始至终都在现场。学生们用盖有学校图章的试卷纸进行答题，考试结束后，正字错误处和句法错误处都标上了记号。每个学生的试卷上都由任课教师和教导主任签名。下面我读几篇作文。

"冬天到了，天越来越冷了，还经常下雪。而到春天的时候，树上鳞片裂开,长出了新芽。冬天虽然有太阳,但是并不暖和。而春天的阳光温暖和煦。冬天,麻雀和鸽子很难找到食物,因为一切都被白茫茫的大雪覆盖住了。而春天,覆盖的白雪都融化了,鸟儿又能轻松地找到食物了。我喜欢冬天和春天。"

"冬天有暴风雪,而春天阳光灿烂。冬天到处是雪堆,而春天树木发出了新芽。冬天下雪,很冷,而春天到处绿意盎然。冬天,严寒在枞树林里徘徊,发出敲击的、冻裂的响声,而春天暖和起来了。我爱春天,可是冬天也给我们带来益处。如果没有冬天,一切都会干枯的。冬天给土地带来水分。"

"今年冬天很冷。可是春天来了,冬天很生气并且降下严寒。太阳出来了,冬天夹着残雪逃走了。春天盛装出现,到处是绿色的海洋。第一只蜜蜂从白雪皑皑的王国里飞了出来,去寻找那早春的花朵。真正的春天来临了。"

为了不让大家厌烦,我就不再读其他作文了。只想指出这几篇学生作文里,你们可能会感兴趣的几个特点。这三篇作文都是切题的——学生没有单独地描写冬天或者春天,而是将两者进行对比。三篇作文里都反映了冬天和春天的特征。因此,虽然没有列提纲,但文章的逻辑还是很清楚的。与此同时,每一篇作文特点都很明显。所写的内容各不相同,更重要的是,各自揭示了不同的主题特征。在第一篇作文里,学生把冬天和春天进行了相当详细而且有条理的对比:谈到了阳光的温暖,树木的苏醒和各种鸟儿。甚至还揭示了不同鸟儿生活不同的原因。从对主题的揭示里,可以看出学生的智慧和性格特征:逻辑严谨、描述细致,试图把观察到的现象解释清楚。

第二篇作文中,对冬天和春天的对比,可以说,是一种粗线条的、不拘细节的描写。对比往往是出人意料的,但倒是准确地抓住了冬天和春天的特征(冬天到处是雪堆,而春天树木发出了新芽)。如果说第一篇作文语气平和,那么第二篇作文则让人感觉到活跃和运动("严寒在枞树林里徘徊,发出敲击的、冻裂的响声"),对待冬天和春天的态度也是很独特的("我爱春天,可是冬天也给我们带来益处")。

第三篇作文以其鲜明的诗意，让人赞叹不已。在这里，学生用艺术的、形象的手法描述出冬天和春天之间的博弈（"太阳出来了，冬天夹着残雪逃走了。春天盛装出现，到处是绿色的海洋"）。作文里还运用到了很多比喻的手法，以直喻的手法使用词的转意（"冬天很生气并且降下严寒""冬天夹着残雪逃走了""春天盛装出现，到处是绿色的海洋""第一只蜜蜂从白雪皑皑的王国里飞了出来"）。

值得注意的是，其他27篇作文也都各有特点。

是的，如果要求学生按照统一的提纲来写作文，并且事先规定好要写的内容、要用的词汇、要造的句子，那么学生们这些美好的情感和思想就都被埋没了。

不仅是被埋没，更是被扼杀了。学生们只能学会照抄别人替他准备好的东西，照搬照抄别人的语言，使用现成的陈词滥调。大家可以自己作出结论：这样子还有什么发展可言呢？

不得不承认，前面读的作文给我留下的印象非常深刻。您对于实验体系的工作情况的介绍，可以说，使我们对一贯以来的小学教学工作的理解实现了一百八十度的大转弯。传统教学法的准则之一，就是要对教材内容进行"反复咀嚼"。而实验教学体系的原则是，让学生们获得大量复杂的知识，完成许多需要思考和推理的有难度的作业。但是这种做法，是不是超出了小学生的能力范围？

应该正确理解，如何不断用新的知识来充实学生的大脑。这并不意味着，我们给学生的头脑里装的东西越多越好。而是指我们反对原地踏步，反对单调重复。

还有一点，不能把我们的这一原则和教学工作中的"赶进度"混为一谈（然而事实中，经常有人这么理解）。我们反对在知识数量上和学生完成的作业量上追求"创造纪录"，完全没有必要，在课堂上让学生尽可能多的解答题目，进行练习。和学生一起不断前进，并不是指在课堂上赶速度。而应该是教师和学生一起平静稳当地工作。教师应该不吝于时间，耐心仔细地听学生把话说完。让他分享自己想要说出的观察、印象；让他说出自己想要得到回答的困惑和问题；也要不吝于时间和学生进行推心置腹的谈话。实验班教师的经验证明，这种工作方式是会得到双倍的回报的。

这里再次出现教学时间不足的问题。不过关于这个问题，我们在前面几次的谈话中已经多次讨论过。至少对于我来说，在思想上是非常明确的，时间是挤出来的。但怎么对差生和落后生进行工作，我真的无计可施。

谈到班级中存在的所谓优等生、差生，学习落后的学生或者说学习程度不同的学生，实验教学决定解决与此相关的教育任务。最重要的一点是：积极的、有系统的在全体学生包括最差的学生的发展上下功夫。实验教学多年来的经验表明，教师能够顺利地实现上述要求并且取得理想的效果。既然差生都能在自身发展上前进一大步，那么他们也就更有可能掌握教材的内容。这一点是非常重要的，因为对于差生和学习落后的学生来说，更加需要坚持不懈地、目标明确地在自身发展上下功夫。

不好意思我插一句，对于任何一个教学论体系来说，怎么对待差生，采取怎样的教学法这个问题，都是非常尖锐的。

当然，无论在发展方面还是在掌握知识方面，每个学生之间现在，甚至今后永远都存在着差别。在我们的实验班里，同样存在着这样的差别，虽然这种差别的性质和普通班有所不同。在实验教学体系里，能够带领全班学生高速度前进的一个有效手段，就是保持灵活的教学法，也就是说严密地考虑到学生之间的差别，然后采取相应的教学法。我们从实验教学刚开始时就采取了这种方法。可以说，最本质的一点就是，对于教学大纲规定的同样的问题，可以采取不同的深度进行教学。

实验教学体系的原则之一是，要求在全体学生包括最差的学生的发展上下功夫。

对于这一点，我还不太明白，因为一直以来，就是要求系统地对差生进行工作。这里的创新点在哪里呢？

在实验教学体系中，不是笼统地要求对差生进行工作，而是要求尽最大努力推动他们的发展。

这一条原则的特殊用意，是针对那种用题海战术来给差生布置语文和数学作业的做法而提出来的。在传统教学法看来，为了改变差生的落后状态，采取这种办法是理所当然的。但是，相比于其他学生来说，对于差生，需要花费更大的力气来促进他们的发展。我们的经验表明，只有下这样的功夫，才能促进差生取得大的发展，得益于此，他们也能够在掌握知识和技巧方面取得较好的成绩。反之，题海战术只会使差生负担过重，非但不能促进他们的发展，反而会使他们更加落后。

刚刚谈到的这条原则，它的依据远远超出了教育学的范围。真正的人文主义的崇高理想，要求无论在教养上还是发展方面，都能使所有人而不是特定的一部分人得到最大限度的收获。这一要求也适用于苏联中小学。因此，我们应该关心教学和教育工作的安排，使包括差生在内的所有学生都能取得更好的发展。

在我们前几次的谈话中，已经举过不少实例来说明实验班的工作经验。这一次谈话中，我们又了解到实验体系的原则。自然而然地就产生这样一个问题：要改进这个教学论体系，未来的工作方向是什么呢？

为了回答这个问题，我们再回到今天谈话之初说的话题上去。我们谈到要探索新的途径，以保障能实现更远大的任务，取得更大的进步。

苏共中央和苏联部长会议在《关于提高科研机构的工作效率和加速在国民经济中运用科技成果的措施》的决议（1968年）里做了重要指示。决议里强调指出，必须对科学的长期发展（10～15年）做出预测。

实验教学体系可能有助于决定小学教学的发展前景。

我们所说的实验教学体系是一个整体，它的各个部分是在相互联系中起作用的。它的中心思想体系是，要使学生达到理想的一般发展水平。它的教学论原则决定了实验教学大纲的内容，决定了教学方法的特点，也决定了各门学科的教学法体系。

从所有的谈话中，我得出这样一条结论：实验教学体系将有助于教学方法和各科教学法的改进。在我们的谈话中，举出了许多事实来证明：为了适应新教学大纲而编写的那些教科书和教学参考书，并不比我们非常熟悉的传统教学法好多少。这就意味着，我们面临的任务是，对于新的教学大纲要采取新的教学方法，每一门学科都要有新的教学方法。

如果能把实验教学体系完整地，就是说作为一个体系来实现，那么一定能在学生的发展方面和知识掌握方面取得最好的成果。而且，看起来，实验教学体系所创造的教学方法和教学法，对于现在颁布的教学大纲下的教学工作也会有很大的益处。目前的教学大纲同教学和发展问题实验室所制订的实验教学大纲比较接近，这是一个有利的情况。

小学过渡到三年制和新教学大纲的采用，确实是一件大事，要知道过去的几十年里，小学教学几乎没有做过任何重大改变。

把新教学大纲和旧教学大纲进行比较的话，新大纲的特点主要体现在哪些方面？我是这样理解的：在新教学大纲里，各学科的某些知识比旧大纲提前了，学生学习到的知识范围更加宽阔了，程度也更加深入了。那么，新大纲的特点是否只有这些呢？

您正确地指出了新教学大纲的某些重要特征。但是，新大纲还有一些有别于旧大纲的其他特征。新教学大纲里提供的理论知识更加淡化了。

小学教学中，是否谈得上理论知识呢？在我看来，这些知识可能只有在小学以后的阶段才教给学生。

"理论"这个词有很多不同的含义。一般意义上，"理论"这个概念是相对于实践来说的。从这个意义出发，我们所说的理论知识，是相对于那些直接反映在技巧中的知识而言的。例如，学生可能知道怎样进行几个数的进位加法运算，即知道加法怎么算，但是并不懂得这种运算的规律——如加法的交换律（有时也称为和的交换性）和其他规律。如果学生能掌握这类规律，那么也就意味着，他掌握了理论知识。

但是，在旧大纲里也包含了某些理论性材料啊。区别在什么地方呢？

在旧教学大纲里，理论知识非常贫乏，而且教得太迟。比如说，按照旧的语文教学大纲，一、二年级学生几乎完全不学习语法知识。一、二年级教学大纲本身叫作《正字法和语言发展》，可是里面连"语法"这个词都没有提到过。三年级开始学习名词，而形容词和其他词类要到四年级才开始学习。算术教学大纲和语文教学大纲一样，也是以片面地训练技能和技巧为目的。

在日常的小学教学工作中，怎么样才能把广泛而深刻的理论知识和培养扎实的技巧技能相结合呢？

理论知识是自觉掌握扎实技巧的基础。因此，理论知识的掌握，不仅不妨碍技巧的形成，恰恰相反，反而是为技巧的形成提供了重要条件。不过，这取决于教学法，也就是说，取决于教师怎样给学生讲授知识、训练技巧，以及在学习过程中，学生是怎样在脑海里形成知识和技巧之间的联系的。

在教育部新颁布的语文教学大纲里，对理论知识的讲授给予了更多的关注，但是，这一点只不过表现为把旧大纲里的某些材料提前教给学生而已。比如说，现在从一年级起就学习关于双清辅音和浊辅音的知识，"词的成分""名词""形容词""动词"等，语法里的"形容词变格"和"动词的数和人称变化"等知识也从原先的四年级提前到三年级，等等。在数学大纲里，以前小学里没有的材料现在也占了很大一部分。

这些都很好。但是，怎么样才能保证学生顺利地掌握这些知识呢？根据我们教师的观察，学生基本上能够掌握新教学大纲规定的知识点。但是，学生的学习负担非常重，学习难度不小。

要克服您所说的这些和其他困难，以及要克服学生负担过重的问题，这在很大程度上还是要取决于教学法。需要一种能够保证学生真正地掌握知识和技巧的教学法。

什么叫作"真正地"掌握知识和技巧呢？是指学习成绩有了很大的提高？还是要求掌握更多的知识？

当然，必须要解决学习成绩不及格的问题。同时，即使做到了这一点还是不够，还不能意味着真正地掌握了知识。学生得到了这样的分数，说明他们可能达到了教学大纲的要求，但是他们的知识和技能掌握可能还是表面的、片段的，并没有在大脑里形成一个完整严密的体系，如果遇到了新的、不一般的情况，就无法自如运用已经获得的知识和技巧。这样掌握的知识就不是真正意义上的掌握。

小学各年级采用新教学大纲的经验表明，现在采用的教学法，对于小学生年龄特点和知识技巧掌握情况，是缺乏科学根据的。数学教科书就是最有说服力的例子。这些教科书编得特别复杂，理论知识过多，已经引起教师和家长的强烈反对。于是我们给一年级重新编写了一本教科书。

我在小学里已经工作了二十多年。感觉教学法没有进行任何更新，二十几年来一直是这个老样子。

这一点我不太赞同。既然教学大纲的内容比以前扩大了、加深了，那这就意味着，教学法不可能还是按照老的教学大纲，没有任何改变。

我们需要把出现了以前没有使用过的教学方式这件事和这些教学方式的性质区别开来。例如说，如果二年级的数学教学大纲里新增了用字母表示数的意义的问题，那么不可避免地就要相应地新增一些使学生掌握此类知识的教学方式。但是，这些教学方式到底是什么样的，它们是否有助于学生真正地掌握知识，这就完全是另一个问题了。

我想再补充一点：这些教学方式是否有助于促进学生的一般发展？我们所处的这个时代要求学生不仅具备广阔而厚重的知识，还要求他的智力、意志、感情、才华、天资都能得到发展。

从我们的谈话里可以得出一条结论，那就是在学校里，即便是同样的一套教材，却可能出现不同的教学方式，有各种不同的教学观点。

这里谈到的只是教材的个别部分，涉及的材料比较少。某一门教学法的一般性特点更为重要，这些一般性特点可以适用于这门学科的全部内容。

我认为，不一定能够找出甚至不可能找出这样的一般性特点。要知道，学校的教育和教学是分成几个阶段的，因此，低年级、中年级和高年级的教学法，各有各的特点。

确实是这样。但是尽管存在着重大的差别，还是有可能找到共性的。不过，我认为，我们不必详细地讨论这个问题。既然我们的谈话首先是以小学教学为主题，那么最好还是只讨论小学教学法的问题吧。

最好是从我们已经谈到过的那一套教学法谈起。我指的是实验教学的教学法，它旨在推动学生的一般发展上取得尽可能好的成果。

和整个实验教学论体系一样，这个教学法的要点，首先也是在于让学生在学习过程中保持蓬勃向上的精神状态。

这是不是意味着，要以广阔而多元的内容来充实学生的学习活动，以适当的方式来激发和引导他们的积极性？

对于内容，我们要正确理解它的广阔性和多元性。关于这一点，我们在讨论实验教学论体系的原则和教学大纲时已经讨论过了。"积极性"这个词，在谈论学生的学习活动时会经常提到。但是这个词需要加以解释，因为有各种各样的积极性。人们常常采用一些特殊的方式来唤起和保持学生的积极性。我们熟悉的方式有"问题教学""学生思维活动积极化""组织学生独立活动"等。这一类积极性，当然，比没有积极性要好很多。但是，我们所主张的不是别的方面，而是要引导学生形成求知欲。

而求知欲是否能激发学生对学习的积极性呢？也许，不采取一些特殊的方式，还是无法达到目的？

求知欲是人的精神需要之一。所谓一个人有需要，就是说明他感到缺少某种东西。需要是人生活中不可缺少的组成部分，于是他就竭力去满足这种需要。人在积极地行动，但现在这种积极性不是因为外部方式引起的，而是内在的力量激发产生的。

想起我们之前一次谈话里所说的学习诱因问题。现在我更加深刻地理解了什么是学习的内部诱因，它和各种外部诱因是有很大区别的。

我们实验教学法的最重要任务之一，就是要尽可能创造有利条件，激发学生多方面的求知欲望，并且培植、发展这种求知欲。

我认为，把教学法单单建立在学生的认识需要层面是不够的。因为，为了达到理想的学习效果，很明显，还有一些其他的精神需要也需要加以考虑。教学法上考虑到这些因素后，能够使教学法具有高度的效率，即让学生在掌握教材和发展上都能取得最大的成效。

既然我们谈到了需要，那么就来补充说明一点，为了达到理想的学习效果，还存在其他的精神需要应该加以利用，比如说学生对交往的需要。我们把认识的需要摆在第一位，是因为学生的认识活动在学习中占据突出的地位。实验教学法着眼于培养学生的精神需要。以这些精神需要作为学习过程中的内部激发力量。

我想尽可能地弄明白，根据您所说的这些思想，怎么样才能建立这样的教学法呢？

为了回答这个问题，需要先解释清楚学生的情绪体验在学习中起的作用。

当然，情绪体验——换言之，就是情感——在任何年龄的学生身上都存在着。它存在于日常生活中、游戏里、学习中。这就意味着，教师在自己的实际工作中，应该直接依靠，甚至是依靠这些情绪体验，来使学生有效地掌握知识和技巧。

您所说的这些当然是非常有必要的。但是，在教师的实际工作中，以及在建立有科学依据的教学法方面，还可以做得更多一点。教学法里包含着巨大的力量，正是这种力量在日常教学工作中，把教学论原则和教学大纲的内容落实到学生身上。教学法不仅可以依靠和利用学生的情绪，还可以培养和发展学生的情绪生活。

非常遗憾的是，普通的教学法——无论是配合旧教学大纲还是新教学大纲的教学法——都没有提到这个问题。我还没有遇到一种教学方式，既能注意到学生的思维，又能考虑到学生的情感体验。最好的情况也不过只是顺带提及一下情绪。

对于教学法来说，区别情绪的形式和种类是非常重要的。情绪之间差异很大，分为两极性：他们好像是被吸引到这一极或者另一极似的，有些是正面的，有些是反面的。例如，一方面是高兴、同情、赞叹的情绪，另一方面是郁闷、愤怒、厌恶的情绪。也可以对情绪进行分类：智力情绪、道德情绪、审美情绪，等等。特别重要的是在脑力活动中产生的智力情绪。

但是，其他几种情绪，比如道德情绪、审美情绪等，在学生的学习过程中也起着非常重要的作用。

您指出的这一点非常好。我刚才说到智力情绪的特殊作用，只是想特别强调指出它们的突出作用。道德情绪，更别提审美情绪了，确实也在学生的学习过程中起着非常大的促进作用。比如说，学生对任何欺骗行为都抱着反感的态度，这种道德情绪就会促使他们诚实而认真地完成学习任务和社会工作。

确实，毋庸讳言，学生为了得到高分去抄别人做好的作业，或者几个同学一起作弊，这种情况并不罕见。类似这种情况说明，学生在道德发展方面还有待提高，同时这也影响了他们对知识和技巧的真正掌握。

能否按照正确的方向来形成和发展学生的道德情绪、道德意识和道德行为，确实在很大程度上都取决于教学法。

不过，我们还是回到谈话过程中提出的问题上来：用什么方法和方式才能有助于发展学生的情绪生活。

我认为，从一年级开始就要集中精力开始这项工作，并且在各门学科的教学里都要有所体现。

我们以一年级语文教学大纲中关于词语中间和词尾的软音符号①的教学为代表案例来进行说明。按照教育部颁布的新教学大纲,采用的传统教学法,上述问题(词语中间和词尾的软音符号)是分开来教学的。下面我们来按课堂教学的次序来进行观察。第一节课的内容是:让学生靠听音来分辨硬辅音和软辅音,并让学生了解软音符号的用法。在这里,起积极作用的只有教师一个人:他要求学生注意听他读的单词最后一个辅音是怎样发音的(如 угол, 角落,以硬辅音结尾; уголь, 煤炭, 以软音符号结尾; жар, 炎热, 以硬辅音结尾; жарь, 煎烤, 以软音符号结尾, 等等),接着要求学生把词末尾的辅音读出来。然后,教师再把这些词读一遍,要求学生在听到词尾的软辅音时举手示意。教师告诉学生,词末加上软音符号后,各个词的意思就有区别了。在这之后,再让学生按挂图完成同样的活动,并完成书本中类似的习题。

是的呀!在我工作的这么多年里,对这种教学法已经非常熟悉了,我已经习惯了这种方式。在培养学生技巧方面,效果不错。

效果,当然是能达到的。但是,不能忘记的是,新的教学大纲无论是在总体思路上,还是具体内容上,都不仅仅要求培养学生的技能,它还要求教授给学生广博而深刻的知识,并要求学生取得比旧大纲要求的更高的发展。如果小学的教学内容已经上升到了一个较高的阶段,而教学法还是旧的那一套,那么它就会阻碍新教学大纲正确而有效地实现。

对于软音符号这段内容的教学,还可以用什么别的方法呢?

在回答您提的这个问题之前,请让我继续说完按照传统教学法对上述内容进行教学的情况。刚才谈到了一节课的情况,后来又上了四节课,才讲完了词末软音符号这个问题。学生还是和第一课一样,完成了那些作业。总共上了五节课,同一个问题重复了十遍以上。

确实,重复的有点多。但是中间也变换了一些方式啊。

---

① 俄语中的软音符号(ь)在词里表示它前面的辅音是软辅音;同时它还有分音作用,表示前面的辅音字母和后面的元音字母要分开读。

乍看起来，好像各节课上所布置的作业方式有所变化。但是，如果从实质和内容上加以分析，就会发现这只是一种假象。一种情况是，学生按照教师的要求把词尾的软音符号分辨出来，而另一种情况是，教师朗读单词，让学生在听到词尾的软辅音时举手示意。这只是外在的形式上有所不同，实质上还是同一项作业——凭听力分辨硬辅音和软辅音。另一组作业是要求学生抄写词尾有硬辅音或者软辅音的单词，或者是要求把这些词填入句子的空白处。就实质来说，还是同一项作业，区别只不过在于除了凭听觉辨别外，还要加上读和写的分辨而已。

从实质上分析作业，这对于我们教师来说大有裨益。的确，这是多么浪费时间啊，如果能把这些时间合理利用，就能够使学生既在一般发展上，又在知识和技能掌握上，都取得更好的成绩。

现在我们来谈谈刚才提出来的问题：怎么按照新教学法来对前面提到的教学大纲里的那一段教材进行讲解？根据新的实验教学法的要求编写的教科书和教学法参考书，为学生尽可能多的创造独立下结论的条件，让他们真正地（不是死记硬背地）进行推理，推动他们智慧、情绪活动和意志力的发展。在我们的谈话里，已经举出了很多例子可以证明这一点。新教学法为学生展开积极的、充实的、多元化的活动，创造了广阔的天地。

我们仍然以刚才介绍传统教学法的特点时所说的关于软音符号的教材为例吧。在我们实验班的教材里，关于词尾的软音符号和词中间的软音符号是放在一起学习的。

这种学习有什么优点呢？我认为，把这两个问题放在一起教，更有利于学生扎实地掌握这些内容。

扎实地掌握内容，与其说需要靠多次的重复，不如说是靠理解、靠内部的诱因、靠学生的情绪状态。把这两个问题放在一起教，能够利用多方面的语言材料，为学生对词尾的软音符号和词中间的软音符号进行比较提供更广阔的空间。我来举一段课堂教学为例。教师在让学生做了一些认识带软音符号的辅音的练习之后，让学生自己想出一些词中间或者末尾处带有 л，н，р，с 等硬辅音字母的单词。教师把学生说的符合条件的单词写在黑板上。学生们说出了很多这样的词。

学生们纷纷议论起来："哇！这么多单词都带软音符号啊！""我真没有想到，有这么多带软音符号的单词！"从学生们的语调里就可以感觉到，他们对丰富的祖国语言的赞叹，虽然学生们没有直接说出来。

从这个例子可以很清楚地看出来：有一些教学方式可以激发出学生的情感。为了让学生的思想和情绪在课堂上积极活跃起来，教师可以有很多办法。

有时候，看似只是稍微地点拨一下，就能使学生产生喜悦的情绪，而这种情绪，也像其他正面情绪一样，能够帮助学生发散思维。在前面提到的这节课的一开始，教师请学生们读这样一个句子："彼嘉把桌子放在角落里。"（угол——角落，词尾是硬辅音）学生们读了。教师问："能不能这样说：'彼嘉把桌子放在煤堆里？'"（уголь——煤，与上面的"角落"一词相比，词尾多了一个软音符号）学生们兴高采烈地回答说："不能！这样不行，桌子会弄脏的！""为什么把桌子放在煤堆里？不能这样做！"这样的对比很出人意料，学生们都很惊讶，但他们的注意力集中起来了，心满意足地学习着教材内容。

能不能以数学教材为例，我对此非常感兴趣。对于我们来说，这门课太难教了。也许，不一定能找出像刚才那样适用于语文课的教学方式。

那我举一个学习加法和减法的例子（一年级）。给实验班的学生出了这样一道题："两个盒子里总共放了 9 支铅笔。红盒子里有 5 支，蓝盒子里不知道有多少支。我们怎么样才能知道蓝盒子里有几支铅笔呢？"

一个叫彼嘉的学生说出了自己的答案：做加法时，和是未知数，而被加数是已知的。这就意味着，蓝盒子里有 14 支铅笔。彼嘉是按照加法的各个成分之间的关系的线索来进行思考的（学生们先前已经学过加法，减法刚刚开始要学）。教师问全班同学："彼嘉的回答对不对？"有几个学生赞成彼嘉的说法。但是也有不同意见："要知道，两个盒子里总共只有 9 支铅笔啊！""这就是说，两个盒子总共9支，这就是和。"于是就出现了争论："难道还有这种事？我们知道：和是未知数。为了求出和，只要把加数和被加数加起来就可以。"

学生们遇到了和他们已知的东西相矛盾的新现象。

要强调指出的是，在这时，不仅是智力方面发生了矛盾，学生的情绪也都被调动起来了。学生们七嘴八舌地讨论开来："这真是奇怪！""以前我们根本不知道这些！"学生们感到很惊讶，不知道如何解决。

学生们继续在分析这题目。经过分析后确认：在这道题目里，和数是已知的。但并不是说把学生引导到新的概念，然后教师进行讲解，分析过程就算结束了。从学生的面部表情可以看出，他们全身心投入到课堂表演这一幕话剧中了。

学生们下一步的思路是这样的："这就意味着，和数是已知的。既然和数里面包含着加数和被加数。红盒子里有5支铅笔，蓝盒子里有几支铅笔我们还不知道。那么就可以列出这样的式子：$5 + ? = 9$。要想得出蓝盒子里有几支铅笔，只有一个解决办法，就是从9里面减去5，就能得出蓝盒子里有4支铅笔。"

思考活动全程都在情绪激昂的状态下进行。答案终于揭晓了，学生们如释重负。他们心满意足，脸上露出愉快的表情，眼睛也闪闪发光。

第十章 掌握知识与学生的发展

在之前的几次谈话中，我们了解到小学生发展的过程取决于教育结构。今天我们要讨论的问题是：掌握知识与儿童的发展之间有什么联系。

这是一个非常重要的问题。我忽然想到在我们之前的一次谈话中所讲的话：如果在提高学生的普遍发展方面取得实质性的成效，那将会为真正掌握知识开辟一条广阔的道路。

必须强调的是：我们所讲的是学生发展和掌握知识之间的关系，而并不是将二者等同起来。我们之所以要提醒这一点，是因为经常出现掌握知识与学生发展之间区别不开的情况。

我认为，之所以看不到掌握知识与学生发展之间的区别，这一问题没有引起足够重视是其中的一个原因。

确实，掌握知识与学生发展之间的相互关系并没有得到应有的关注。掌握知识和学生发展之间的关系这一问题，几乎从来没有人研究过。

因为教师都密切关注着自己的学生们，也很了解一个学习成绩好的学生，发展水平也不会低。所以，我们需要绞尽脑汁去思考这个问题吗？

当然，我们的研究常常能够让我们有理由认为：知识的掌握与学生的发展之间是相符的。但是也存在另外一种情况：一个学生按照学习成绩来讲是优等生，但是在发展方面却处于中等水平甚至更低的水平。

顺便插一句，如果想让学生不断发展，并不一定必须在学校获得知识。

想想那些没有上过学的儿童便可知。例如，革命前的俄国，有很大一部分适龄儿童没能读书，而这些儿童的发展却从未止步不前，而是从一个阶段向另一个阶段迈进。在文盲当中依然有那么多聪明的人！

您所讲的那些儿童，的确是没有在学校学习知识，但是他们却通过自己的观察，通过与周围人接触，在劳动中学到很多知识。他们的头脑中绝非空空如也！当然，发展也不可能在空无一物的地方进行。但是，在学校接受教育的儿童，与那些不上学的儿童相比，走的自然是另外一条发展的道路。

我们的对话是很有益的。它又一次说明：有关发展与掌握知识的关系问题，确实必须进行研究。除此之外，还需要将我们谈话的对象讲得确切一点。下面我们主要谈谈：学生在发展上取得的成绩究竟会对掌握知识和技巧产生什么样的影响。

实验班学生和普通班学生掌握的知识存在差异，这一事实说明，发展方面取得的成绩会对掌握知识的质量产生影响。"教育发展实验室"掌握了一些学生在俄语、数学、自然、音乐知识和技巧方面的真实资料。将已有事实进行概括总结，可以说：实验班学生对掌握的知识理解得更加透彻、更加具体。从学生的回答中可以明显地发觉：他们可以正确理解所学的现象，理解现象之间的关系。儿童可以流畅且合乎逻辑地讲述他们知道的东西，而不用回想教科书中的公式定义。

知识的这种特点依靠学生的普遍发展，这种可能性非常大。但是我想得到具体解释：学生能很好地掌握知识，究竟取决于发展的哪些性质特点呢？

看来，我们需要合理地研究以下问题：学生是如何掌握他们以前并未学过的新知识的。这些知识是如何存储在他们的记忆中，他们又是如何回忆起来的？例如，学生读了书上的一篇课文，并记住了。这一活动可能按照不同的方式进行。学生可能会努力思考课文内容，试图捕捉到其中包含的思想以及思想之间的关系。但是这种情况下，学生只是掌握了课文所讲内容的模糊概念。于是，他将大部分精力放在记住那些现有说法上，即构成课文的词句上。这种类型的记忆通常称为机械记忆。

为了揭示实验班学生和普通班学生掌握教材的特点，我们曾经对五年级和六年级的学生进行了一些个别测验（五年级为实验班，六年级为普通班）。

为什么选择五年级和六年级的学生进行测验？试验不是在小学阶段进行的吗？

参加这些测验的，是那些念完三年制实验小学后直接升入五年级的学生。将这些学生跟那些读过四年制普通小学的六年级学生进行比较。六年级学生比实验班学生年长一岁，并且还学习过古代史系统课程。我们测试学生所用的那段材料内容上固然与古代史有差别，但六年级学生毕竟已经掌握了一些学习历史材料的经验。因此，六年级普通班学生有上述优势，这样得出的对比研究的结果就更具有说服力。如果实验班学生能比普通班学生更好地掌握材料，那么这更有力地证明：这种优势主要归功于实验班学生在发展方面的优势。虽然这些学生已经不在实验体系影响下学习，但是在发展中取得的成效却保留了下来。

测验是如何进行的呢？

从 17 世纪初（"混乱时期"）的俄国历史中选一段课文读给学生听。课文选自历史文选，并且无论是普通班学生还是实验班学生都不了解这一时期的俄国历史。因此，参加试验的学生不可能依靠以前掌握的知识。

对课文的识记只能依靠本测验中的听读。课文朗读两遍，然后学生需要回想课文，并且必须以书面形式叙述出来。

在朗读之前提前提醒学生：需仔细听，因为在听过之后需要尽可能完整地回想课文内容。同时会强调：不需要使劲逐字逐句地记住课文，因为之后叙述课文内容时要求用自己的话。如此一来，学生的注意力被引向课文的内容，同时，也使儿童处于一种与平时学习教材的环境相同的条件下。

实验班学生和普通班学生之间的差别到底有多大呢？

我们曾将五年级学生和六年级学生回想同一篇论文的情况作了对比，其中五年级学生是在实验小学体系下毕业,六年级是普通班。有94%的五年级(实验班)学生能够正确地再现课文的逻辑联系,而六年级普通班这样的学生只占30%(表10-1),并且22%的人在回想时,严重曲解了课文内容。

五年级(实验班) 94% / 6%
六年级(普通班) 70% / 30%

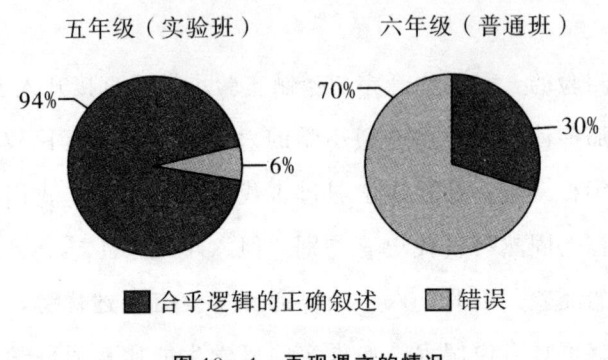

■ 合乎逻辑的正确叙述 ▨ 错误

图10-1 再现课文的情况

确实,按照实验体系接受小学教育的学生,具有非常明显的优势。这种情况当然在很大程度上应得益于发展。听了两遍复杂、内容丰富的课文之后,绝大部分学生都能够正确回想,这说明这些从实验体系小学毕业的学生智力活动的质量非常高。

有的历史课文中历史事件繁多,事件相互联系紧密,在回想这类课文时,需要迅速了解、掌握提供的材料,思考课文内容并正确理解它们之间的逻辑联系。所有这些,从实验体系小学毕业的学生都做到了。

但在掌握技巧方面(正字法、计算等),可能实验班学生与普通班学生并没有太大差别,因为掌握技巧需要扎实的训练,因此表面上看与发展方面的成绩没有联系。

不!事实并非如此。我们先列举事实,然后进行分析。在"教育发展实验室"已经发表的著作中,引用了大量关于实验班学生技巧的不同资料。因此,我们只关注最近几年在大量班级里取得的事实。

在1965—1966学年,曾在俄罗斯联邦和几个加盟共和国的20多个边疆区和州的三年级实验班进行了一次默写测验。共有910名学生参加默写。平均每个学生的错误数为 0.3～1.7 个；而普通班学生在默写中书写错误数量为平均每个学生 2.3 个以上。我们把采用新的教学大纲，但是依然按照旧传统教学法教学的三年级普通班学生与三年级实验班学生在默写中字母错写和漏写的平均数量作了对比，结果也能说明一些问题。在普通班，有 40% 的学生犯了上述错误，而在实验班，只有个别学生会犯这些错误。大部分实验班学生字母漏写和错写的平均数量为 0～0.2 个，33 个参加测验的实验班中，只有 10 个班的平均错误数量为 0.3～0.6 个。

在解答算术题和应用题以及掌握其他技巧方面，实验班学生比同年级普通班学生也有极大的优势。

实验班学生在掌握技巧方面也有很大优势，可能不仅是由于在普通发展方面取得了成效，而且也是因为采用了更完善的教学法。

教学法当然也起了应有的作用。并且也有充足的理由认为：掌握技巧方面的优势在很大程度上是学生急剧发展的结果。至少有以下两个理由可以说明这一点：

第一，与普通班相比，实验班用在俄语和数学上的教学时间要少很多（大约少 30%）。即使对教学法进行根本性变革，在减少同样教学时间的情况下，只凭教学法改革也很难取得这么好的效果。

第二，普通发展的特点在于，它对学生熟悉掌握任何一门学科的知识和技巧都有作用。这正是普通发展与"特殊发展"（如，在数学、音乐等某一方面的发展）的差别之一；特殊发展只在掌握一门学科或一类学科时起作用。

以上两点说明，普通发展在有效掌握正字法方面具有很重要的作用。

那有没有一些事实能直接、确切地证明普通发展对掌握正字法技巧起作用？我之所以特别指出正字法技巧，是因为传统的教学法直到现在也没有取得决定性成果。

我引用一些研究数据加以说明。

我们曾经研究了学习语法之前学生掌握正字法的情况，即研究在学习相应语法知识和正字法规则之前学生能否掌握正确书写单词。

给三年级学生（无论是普通学生还是实验班学生）听写一篇短文，其中包括 11 个不同变格的形容词（синее 蓝色的，一格；утреннюю 早上的，四格；зимнем 冬天的，六格等）。我们从学生能否正确写出不同格的词尾这一方面对听写结果进行分析。实验班中，有 56% 的学生在听写中没有出错，或者只有一两个错误。而在普通班中，这一比例只有 22%。我们要求学生在听写时，将他们觉得比较难写的词标记出来。我们特别留意了那些差生标记难点的地方有多少。在实验班中，47% 的差生能标出难点，而普通班中只有 5% 的差生能做到。

您引用的事实非常具有说服力。实验班差生和普通班差生之间的差别值得注意。它们清晰地说明：实验班中，不仅仅优等生，即使是差生对单词书写也很自觉。通常情况下，差生更容易死记硬背。

在上述研究中，涉及副词书写方面的情况也值得关注。在短文的有些句子中包含副词（Наконец начались морозы. 严寒终于来临了）。在另一些句子中包含与副词相似的前置词加名字的短语（На конец мачты прикрепили флаг. 把旗子插到杆顶）。实验班中，有 34% 参加听写的学生在听写中没有出错，或者只有一两个错误，而在普通班中只有 10%。在实验班中，80% 的学生能标出难点，而普通班中只有 5% 的学生能做到。

需要指出：理解句子内容对正确书写副词有重要作用。

这里必须仔细区分副词与前置词加名词的短语在书写方面的区别。实验班的绝大多数学生能标出副词书写的难点，这说明他们的智力活动质量较高。

上述研究的结果非常重要，因为它证明：普通发展在掌握正字法方面有无可争辩的重要作用。因为学生在听写时还没有学习过正字法，这也就是说：教学法没有产生影响，而成绩只取决于学生的普通发展。

您刚才提到了差生，并且也发现实验班学生具有绝对优势。我想专门谈谈这个问题。在实验体系原则基础上进行教学，可能会使差生感到困难重重。

我不知道，差生如何才能在掌握知识和技巧方面取得巨大成效。按照教学法专家的普遍观点来看，若执行实验体系的原则，差生和留级生的数量要比按照传统教学法要求进行教学时的数量增加好多倍。

您恰好提到了那些支持传统小学教学法的教学法专家的观点。按照传统教学法的做法，会给差生布置大量各种各样的练习作业。为了改善他们落后的状况，差生被留在学校补课，并且还劝告家长对孩子"抓紧一点"。这种对待差生的工作"体系"只会阻碍他们的发展。儿童需要的是在他们的发展上下很大功夫。这些儿童发展比较差，虽然不是他们在学习上落后的唯一原因，但却是根本原因。现在当大家谈到学生学习差的相关问题时，经常提到这一点。

我们之所以说这么多学校里的差生问题，是因为这种现象和刚才我们在谈话中提到的实验班差生问题相互关联。确实，与普通班的同龄人相比，实验班的儿童必须掌握更复杂的材料。但是，与传统体系的教学安排不同的是：我们不会把重点放在大量练习作业上，而是更加关注学生的发展。

最好是能举几个学生的例子来说明一下发展进程与掌握知识的进程是怎样的。

完全可以。"教育发展实验室"不但研究各年级学生整体上掌握知识的情况，而且也结合着发展进程研究了个别学生掌握知识的情况。

我们将实验班学习最好的一个学生伊戈尔和班里学习最差的一个学生妮娜作为典型案例，对他们掌握知识的情况进行对比研究。

在第一学年初观察鸟类标本时，伊戈尔观察的主要是物体的颜色属性这一方面。实验班的大部分学生也是如此描述鸟的，但有几个学生的观察力很强，他们能从不同的方面观察物体特性。伊戈尔对某种物体的直觉，比同班许多同学有更强的分析性。他能察觉到颜色之间非常细微的差别以及色调的变换（"爪子是棕色的，可这儿好像是黄色的""尾巴开始时是灰色的，然后是黑色的"）。

在研究思维的实验中，伊戈尔在第一学年初也没有达到能解题的最高水平。但是他解答这道题的水平依然要比许多同班同学高很多。伊戈尔实际上已经能同时根据两个标准（形状和高度）正确地将几何图形挑出来，然后跟样品放在一起。虽然他还不能论证自己的行为，即他还没有意识到，他是根据什么特征来挑选几何图形。

为什么你要用特殊的语调来表达"优等生"和"差生"这两个词呢？

因为这两个术语是相对的。优等生所具有的品质可能最初只能勉勉强强看出，而后来才表现得比较明显。刚开始非常出彩的学生，后来在一定程度上失去了自己的"光彩"。相似的情况也会发生在差生身上：教学过程中，他们也可能会比刚开始时变得优秀很多，但是也可能会在某一段时间内变得更差。这当然不是指优等生和差生在发展方面都没有进步。他们两者都不会原地踏步的。但是我们切不可认为发展历程和掌握知识是平稳、均衡的过程。这是一个曲折的过程，可能会加快，也可能会减速，这是一个不断累积、复杂的"地下的"过程。这一过程用肉眼是无法看到的，但是随着时间流逝，一旦时机来临，这些过程就会在发展和掌握知识方面以突飞猛进的形式表现出来。因此在教育发展实验室中，"优等生"和"差生"这两个词只是相对意义上的，只是为了大致表示学生在班中所处的地位而已。

这一阐释是非常重要的。应该说，在教育界中"优等生"和"差生"这两个词通常会"贴在"这个或者那个学生的身上。"优等生"和"差生"这两个概念被理解为一成不变的东西。

刚才我们谈论伊戈尔在第一学年的发展时稍作停顿。现在接着谈。

到第二学年末，伊戈尔在发展方面取得了很大进步。在观察物体的过程中，他现在已经能够观察出不同类别的属性，不仅仅是颜色，还包括形状、大小和其他典型特征。描述鸟时，伊戈尔不再局限于只说明鸟每一个部位的特征，而且还能作出总体评价。例如，他说："它的爪子几乎像所有的鸟一样，三根在前，一根朝后。"

伊戈尔的思维能力有了实质性的进步。第二学年的实验中，伊戈尔能够正确地挑出几何图形，而且还能论证他的选择。

因此经过两学年的教育，伊戈尔在发展方面取得了非常大的进步。如果说在刚开始入学时，伊戈尔的观察能力和思维能力的发展比大部分同班同学略微高一些，那么在第二学年末伊戈尔在发展方面已经是名列前茅了。可见在这两年期间，伊戈尔在发展方面取得的进步要比许多同班同学大很多。

这些数据可以充分说明：学生发展的历程是不平衡的。我们感兴趣的是，这些学生在掌握知识和技巧方面表现如何。

伊戈尔掌握俄语知识和技巧的情况（A. B. 波利科娃的研究）说明：他能够独立总结语法现象，对某些资料进行区分和对比。例如，他能将不同变格法的名词的格词尾进行对比，能独立发现前缀的书写规则，等等。伊戈尔还能自由运用"句子成分"和"词类"这两个概念来分析句子。伊戈尔能够找到具有抽象特征的联系，而且运用知识时（如解释单词正字法方面）能从抽象轻轻松松地过渡到具体方面。

伊戈尔在掌握语法知识方面取得很大成果，也使他在掌握正字法方面进步飞快。二年级时，伊戈尔书面作业中每100个词的平均错误数是4.7个，三年级时为2.8个。之后平均数量继续下降：四年级时为2.5个。同时需要指出，伊戈尔几乎从来没有因为混淆相似的书写规则而写错过词。

如果将那些因为没有学过某些规则而写错的词排除在外，那么伊戈尔在叙述和作文中每100个词的平均错误数（2.6个），已经非常接近听写测验中的平均错误数（2.0个）了。将这两种书面作业中的错误数量进行对比是非常有意义的。在实验班，学生写作文时，无论是在词汇、正字法还是内容方面，都不需要提前准备。学生们为了描写自己的印象、思想和感觉，需要运用大量词汇。所以经常会遇到非常难写的词。如果听写测验中错字的数量与作文中错字的数量相差悬殊，那就说明培养学生正确书写能力的面非常狭窄。但是伊戈尔的书写中不存在这个问题。听写测验和作文中，他的错字平均数量几乎是相同的。

这个事实还有力地证明了：伊戈尔掌握了正确书写的技巧，不仅仅在他集中精力书写（听写测验中）过程中有效，而且在他表达自己的思想、感觉和描述见闻时也起到重要作用。

您所说的内容，不仅让我们了解了优等生掌握知识的特点，也让我们了解了掌握知识与形成技能技巧之间的联系。这些资料有事实有根据，有力地证明理论知识在小学教育中的积极作用。有一种观点：在小学俄语和其他学科的教学中，应该以实践训练为主，若教学大纲中充满理论知识则会阻碍学生形成牢固的技巧。但您所讲的事实，无论是大多数实验班掌握技巧的情况，还是伊戈尔掌握知识和技巧的情况，都驳斥了那些主张小学教育的主要任务就是训练技巧的人提出的问题和疑虑。

我希望我们能够从伊戈尔的发展进程和掌握知识的情况中总结出一些结论。

对，将伊戈尔的发展进程与他掌握俄语的知识和技巧的情况进行比较，这可以使我们得出以下结论：发展上取得的成果，在掌握俄语教材时也会显露出来。前两学年，伊戈尔在分析和总结概括能力上取得很大进步，这是他能够独立总结概括语法现象、区分和比较某些资料以及自由运用语法概念的基础。伊戈尔能抓住概括性的联系，学习语法材料时也能从抽象轻松地过渡到具体，这些能力很可能都是得益于他在发展方面的巨大进步。

将伊戈尔发展进程和掌握正字法的时间阶段作对比后能证明发展和掌握俄语教材之间存在着联系。前两个学年，伊戈尔在发展方面进步飞快。正如上面所讲，到了第三学年伊戈尔在书面作业中犯错误的数量大大减少。

教师们的实践经验说明：有些刚入学的儿童表现非常差。他们无法集中精力，说话不连贯，并且他们通常也听不懂教师的要求和问题。由于他们的功课长期不及格，所以只能让他们留级。

实验班的一个女孩子妮娜，就属于这一类。

第一学年初，进行观察力水平检验时班里有几个学生完全不会自己观察物体，描述时语言贫乏、肤浅。而妮娜就是其中一个。

在研究妮娜思维的试验中，妮娜不仅不能解决问题，她甚至都无法正确理解题目的要求。试验要求根据样品挑选几何体，可是妮娜总是乱挑。她将各种各样不同的几何体挑出来，然后和样品放在一起，根本不能以某一种特征作为依据进行挑选。有时候她挑出与样品颜色相同的，有时挑出与样品大小相同的，可有的时候又挑出与样品没有任何共同点的几何体（例如红色的、高的圆柱体；蓝色的、矮的角柱体）。

第二学年末进行的实验中，妮娜对观察的物体表现出浓厚的兴趣。她分析物体的能力大有提高：她想把物体的各个细节都观察得清清楚楚。这一点主要表现在她描述物体的话语明显增加（几乎为两倍），并且她还能发觉物体一些非常细微的特征。

在这两年中，她在思维过程方面也有进步。现在的妮娜已经不是那个第一学年初动作混乱的妮娜了。妮娜已经能够根据一定的特征选择与样品相似的几何体：将白色的与白色的放在一起，黄色的与黄色的放在一起，绿色的也与绿色的放在一起。但是在第二学年末，妮娜解不出以下这道题：根据实质性特征挑选几何体。

妮娜与伊戈尔在发展进程方面的差距还是挺大的。

这是事实。但非常重要的是：在这两年期间，妮娜走过的发展进程也很长。

这个小姑娘在掌握知识方面表现出一系列特征。她掌握教材非常地吃力。当过渡到新的教材时，在很长一段时间内她都无法区分词类及它们之间的转化。例如，她无法从一系列同根词中区分名词和形容词，不会辨别变格的标志，还常常混淆变格的类型和格的名称。

正字法方面，妮娜经常会在相似的规则方面犯错误。二年级和三年级时，妮娜作文中的平均错误数量要比听写测验中的数量多。因此，妮娜在二年级和三年级时正字法成绩并不理想,这与她分析能力和总结概括能力差有关系。

妮娜在掌握语法方面进步飞速是在第三学年初。到了四年级无论是在作文还是在听写测验中,妮娜犯的错误大大减少(几乎减少了一半)。

若回想一下,我们会发现:前两个学年,妮娜在分析观察能力、抽象能力方面有了很大进步。我们可以发现,时间上是符合的,这就说明了普通发展方面的进步与掌握知识的成绩之间有内在联系。掌握语法知识这个过程本身也有助于印证这一论断。

妮娜的发展进程和掌握知识的过程令人信服地向我们证明:教师如果能不断在差生的发展上下功夫,那么差生不仅能在发展上取得巨大成果,而且还有利于他们掌握知识和技巧。

妮娜后来的学习情况也值得注意。她顺利从八年级毕业,从未留过级。八年制毕业之后,妮娜在国家第一钟表厂工作,同时还在夜校学习,并且还是一名优等生。

以上所讲的事实表明:这两年内,无论是优等生伊戈尔还是差生妮娜,在发展方面都取得了很大的进步。但两人的发展并不是在同一水平进行。这也是可以理解的,因为每一个学生都会有不同于同龄人的特征,这些差异无论过去、现在还是将来都会一直存在的。对我们来讲一个极其重要的任务是:让每一个学生,无论是优等生、中等生还是差生,都能够尽最大可能得到最好发展。

您已经完全正确地了解了事情的实质。对学校来讲,其中一个最重要的任务是:在所有学生(包括最差的学生)的发展方面不断下功夫。根据社会主义人道主义的伟大原则提出的教学要求,能使所有的学生而不仅仅是那些特选的学生得到最大程度的发展。

我们对待学生发展方面的工作采取了苏维埃式的态度,与资产阶级教育所遵循的路线有着本质区别。例如,在美国,有的中学在数理学科或者生物学科组织方面非常好(即有分科倾向的学校)。给学生上课的是大学教授。学校还有配置精良的实验室。学生还能针对某些个别问题自己做一些小型研究。这样的教学安排使这所学校的学生与普通学校的相比，当然能得到更大的发展。

但是这所特殊学校招收的都是什么样的学生？学校里招收的都是富裕阶层中非常有天赋的学生。可以说，学校里聚集的都是学生中的"精英"。而一般学校，无论是教学质量还是教学水平都要低得多。而这也就意味着，学生在发展方面取得的成果也要少很多。由此可知，那些依靠优越的教学条件取得的发展上的进步，只为那些特选者所有。

现在我们再回到学生掌握知识及其发展之间的联系这个问题上来。应该指出，这一联系的特征在优等生和差生身上有相似之处，但同时在两类学生身上又有本质区别。妮娜掌握知识和技巧是在大大低于伊戈尔的发展水平基础上进行的。妮娜在第二学年末的发展水平和伊戈尔在第一学年初时的水平差不多。妮娜和伊戈尔使用的可是同一种教材。

任何一个普通班中，学生所学的都是同一种教材，但是学生之间在发展方面却有很大差别。但是这种现象却没有引起重视，于是在实际教学实践中造成了严重后果：不及格，留级。

在教育发展实验室中对以下对象都进行了研究：不同学生掌握知识和技巧的差异、掌握知识和技能的不均衡、性质特征等。需要强调的是：掌握教材，掌握教材的深度，掌握材料时的具体过程，在这两个学生身上差异都比较大。我们指的不仅是或并不是进度，而是指妮娜在区分、总结概括相似语法现象和规则方面比伊戈尔要晚很多。

妮娜和伊戈尔掌握同一种教材所走的路是不同的。妮娜所走过的了解语言现象和掌握规则的道路，要比伊戈尔走过的更加迂回曲折。

如果根据今天我们谈话的所有的事实材料判断，那么实验班优等生和差生之间的差异应该与普通班中优等生和差生之间的差异不同。我们以实验班学生在发展和学习活动中的一系列性质特征为基础，从而得出这个结论。

虽然妮娜和伊戈尔之间存在许多差异，但是他们两人掌握知识方面的进步的特征，又与在传统教学法下学习的学生不同。妮娜和伊戈尔掌握知识的进程清楚地证明了这一点。特别是妮娜掌握知识的进程更有说服力，因为她是班中最差的学生。

最好能列出一些具体事实。

这就有一个有原则性意义的例子。研究表明，小学生能够辨认词语，或者是从意义方面来看（词被看作是某种物体、行动、特征的标记），或者是从形式语法方面来看（例如，能按照不同变格类型而变化的词等）。只有最优秀的优等生才能同时将两个方面结合起来。应该强调，我们对接受传统教学法教育的学生也进行了认真研究。

妮娜在三年级时，已经能同时从上述两个方面来辨认词。但是，要知道妮娜可是实验班最差的学生。按照实验体系教学，使儿童的普遍发展取得了重大的进步。即使是实验班最差的学生也可以用这种方法辨认词，而这在传统教学法教育中是做不到的。并且，妮娜还能同时从词法和句法层面辨认同一个词，这一点难度更大。

通过讨论学生掌握知识与发展之间的关系这一问题，我得出一个结论：对于低年级学生对所学教材的接受程度这一问题，应该改变之前的看法。事实表明：如果在学生的发展方面下了相应的功夫，那么即使是差生，也可以顺利掌握以前认为不可能接受的知识和技巧。

从已有的事实看，对如何实施体现教育学科中的可接受性原则，应该持批判的态度。

对可接受性的定义和解释中，贯穿了这样一个重要要求：教学要与学生的年龄特点相适应。这种观点体现在 М. А. 丹尼洛夫和 Б. П. 叶希波夫撰写的一部总结性教学论著作中。他们写道："可接受性原则表明：教学内容和教学方法必须符合学生的年龄特点，因为学生是按照年龄特点掌握知识、技巧和技能的"①。

可接受性原则还体现在由近及远、由已知到未知、由易到难（有时候还会加上"由简到繁"这一规则）这些规则中。可接受性原则及相应的规则由来已久。在苏联教学法中，它们已经重复了几十年了。虽然人们经常提到可接受性相关的问题，并且这一问题也常常成为教育学家和心理学家进行专题辩论的客体，但对上述这些规则和可接受性原则的阐释并没有实质性变化。

但是究竟该如何理解教学内容和方法要与学生的年龄特点相符这一要求呢？

教学法专家们为了明确表述可接受性原则时谈到学生的年龄特点，他们这样做有哪些心理学方面的依据呢？

无论是在总括性教学论著作中，还是在其他类型的教学论著作中，都对可接受性原则进行了解释，但几乎完全没有引用心理学已经揭示的关于学生年龄特点的研究成果。可是这样的引用是十分必要的，因为即使是用个别的例证，也应该向大家说明一下：运用可接受性原则时，该如何利用心理学的成果。

这方面是一个很大的空白！

缺乏详细的阐释和论证，是各个学科教学法结构中常常错误运用可接受性原则的一个原因。这一点在小学教学中表现得尤为明显。例如，动不动就说小学生的思维是具体性思维。也因此丰富小学教学内容，稍微深化教育的建议都被否决了。因为这种丰富教学内容的行为违反了可接受性原则。

很遗憾，教学论提出的原则，是从低估了小学生的可能性出发的。例如，《教学论原理》就是按照以下方式安排小学教学任务的："小学教育首先应该保证学生能形成对周围生活现象的感官表象体系，进行基本的概括，建立简单的联系，并在此基础上开阔一般的视野。"由此可见，居首位的是感官表

---

① М. А. 丹尼洛夫、Б. П. 叶希波夫：《教学论》，莫斯科：俄罗斯联邦教育科学院出版社，1967年版，第203页。

象，基本的概括和简单的联系。

我认为，如果从理解小学生可能性的陈旧思想出发，认为超过这个范围的教材都是无法接受的，那么这种观点最终会导致小学传统教学法教育大大地落后于社会发展的要求。

现在我国的科技和社会迅猛发展，苏联的学校也应该赶上生活发展的要求。若以某些教材和教学方法"不可接受"为借口，排斥那些本可以丰富学校实践的东西，那只会阻碍前进的道路。

也应该重新思考：该采取什么方法才能使学生高质量地掌握知识和技能。以前我们思考这个问题时总是局限于各个学科的教学方法和教学法体系上。现在需要以另外一种观点看待以什么样的条件来保证学生有效地学习这个问题。学校应该具有针对性地在学生发展方面下功夫，这肯定会起到非常大的作用。

第十一章 教师的劳动及其创造性

怎样培养教师，怎样才能使他们获得高超的教育技巧呢？

是否可以预言：一个人有可以成功当一名教师的天赋，而另一个人却没有这种天赋呢？

为了我们能够如此预言，需要掌握大量的事实材料。这就需要对同一批教师的工作进行多年的观察，并且需要对教师的职业特点进行专门的心理学研究，还有许多其他的，等等。可遗憾的是，这样的材料很少。

为了成功完成教学任务，教师应该掌握渊博的知识，接受良好的师范教育，还有很高的文化水平。

那有没有一种材料能够说明，教师自己怎样评价成功进行教育工作必须具备的品质？

Ф. Н. 戈诺鲍林就搜集了这样的资料，并在他写的《关于教师的书》[1]一书中有所阐释。本书作者对大量教师、寄宿学校的教养员、校长和教导主任进行了问卷调查。他提出的问题是：您认为哪种个性品质是教师能力的主要标志？作者一共收到82份书面答卷。在收到的所有回答中，提到最多的品质有：热爱自己的事业，对儿童工作感兴趣（11份答案）；喜欢儿童（8份答案）；具有理解儿童的能力（7份）；要有很高的文化素养、渊博的学识、扎实的教育知识（7份）；要在所教授的学科方面有才能，熟悉这一学科，对这

---

[1] Ф. Н. 戈诺鲍林：《关于教师的书》，莫斯科：教育出版社，1965年版。

一学科感兴趣（7份）；向其他人教授知识的能力（5份）。

Ф. Н. 戈诺鲍林的书中所列的清单，当然，在我看来只是大致地、一般地说明了一名教师应该具备的品质。就以向其他人传授知识的能力这一点为例吧。即使是粗略一看，就知道这个能力中包含了一系列品质：与他人分享自己的知识的意愿，将知识讲解清楚的能力，能够集中学生注意力的能力等等。现在想来，我们也就完全理解了，为什么一定要认真研究教师所必备的品质。

教育书刊和普通书刊中经常提到，学校讲授的是科学的基础知识方面，需要大大提高教师在这些科学领域方面的知识储备。据这些书刊所说，提高教师的知识储备几乎是提高学生的知识质量和提高教师在学生心目中的威望的最重要条件。

当然，教师应该掌握关于他所讲授学科的足够的知识。但是，在承认这个事实的同时，我们若认识不到未来的教师掌握教育知识和心理知识的重要性，那也是错误的。掌握了这些知识，教师才有可能将教材变成学生真正的财富。我这一生中见过不少教低年级的老师，在俄语、数学和其他学科，甚至是这些学科的教学方法方面，他们都拥有足够的学识，然而他们在自己的教学中却遭受了很大的失败。

这又该如何解释呢？

这些情况一般是由以下原因造成的：或者是这个人不具备从事教师工作的天赋，或者是他不热爱自己的事业，不喜欢儿童。

那这么说来，这种教师的工作进展地不顺利，是因为他们生来就不具备当教师所必需的品质吗？

您提的问题太尖锐，以至于在回答前就已经从您的问题中预知答案是否定的了。当然了，没有人天生就会当老师。甚至诸如喜爱儿童、热爱教师的劳动这些品质都是可以培养的，除非这个年轻人对其他什么职业非常感兴趣。这让我们想起了 A. C. 马卡连柯所说的一些睿智的话语："教育者的技巧，并不是什么需要天赋的艺术，但这是一门需要学习才能好好掌握的专业。"

也就是说，教师工作的失败，是因为师资培养工作做得差了？

并不是所有培养教师的高校都达到了应有的水平。高校培养师资的工作有的处于中等水平以上，但也有的达不到中等水平。但所有的高校在培养师资方面存在共同的缺点。其中一个主要缺点是：未将教育学和心理学与学生教育教学实践紧密联系在一起。这两个学科在师范类高校都会教授，但是这些学科对师范生深刻理解教师的日常工作过程并没有多大帮助。在提高教师业务水平方面，各高校也存在着同样共同的缺点。

最好选一节课作实例来具体分析，以便让我们看清这些缺点。

例子并不难找。我们就以一所好学校的一堂一年级数学公开课为例。来听课的有中等师范学校的教育学教师、州教师进修学院的教学法专家、中小学校长、副校长以及来自其他学校的教师。学生们要做的是 20 以内的加减法题。其中有一道题是这样的（我引用的是女教师在课堂上的说法）："请找出差一个单位到 20 的数"；"请找出加 2 等于 20 的数"；"请自己想一道加法题，使两数相加等于20"。然后教师说："现在让我们解一道很难的例题。我想了一个数，这个数加 10 等于 15。（然后教师挂出了一张表，表上写着两个等式 $x+10=15；10+x=15$）"。在解题的过程中，被喊到答题的几个同学给出了两种解法：1. 从 15 减去 5，2. 给 10 加上 5。教师问："这是怎么得出来的呢？""几个数的位置互换，结果不变。"一个被喊到的学生回答道。让学生口头回答了一道简单的应用题之后，又让他们解答了 7 道加法和减法题（$14+4$，$18-8$，$16-6$ 等）。

然后让学生们用下列已知数自己编一道应用题：小男孩花 2 戈比买了一本练习本，然后又买了一本小书，小书比练习本贵 8 戈比。已知数和它们之间的关系画在一页张贴纸上，之后教师将纸固定在黑板上。然后教师要求学生想出两个解题方法：一种是一步运算，另一种是分两步运算，然后书面解答。学生们根据教师的问题重复了题目的条件，搞清题意，然后解答。最后，教师分给每个学生一个信封，里面装的是给他们的作业题。根据优等生和差生的差别，题目的难易程度是不同的。学生们只需要在卡片上写下答案即可。

听完您的叙述，我头脑中就产生了一系列问题。这些问题和我们今天谈话刚开始时讨论的问题有关：用到教育学知识和心理学方面的知识了吗？应该如何使用这些知识来分析这节课呢？这些知识是如何与教学课程的教学方法问题相联系的呢？对于教师来讲，细致思考每一节课的教法是否已经成为他们的守则了？

对于你的问题，我不会立刻回答"是"或者"不是"，而是简单介绍一下对这一节课的分析。然后我们一起得出结论。

教师解释了这节课的目的。这堂课的目的就是检查、巩固，并进一步加深学生在加减法方面的知识和解题技巧。因此，式题和应用题都稍微复杂些。个别的题也根据优等生和差生的差别，给出不同的解答方案。

我很想知道，教学法专家和教育学老师对此都说了些什么，因为他们的意见应当会有助于把这节课的优点和缺点分析清楚。

他们说，总的教学论要求是完成了：所有的学生学习都很认真，课堂上纪律也不错。他们同时还指出了这节课的优点：使用了直观的教具，而且女教师的言语清晰、明确。但他们认为教师布置给学生的例题有些单一，对此他们也提出了批评性的意见。教学法专家、教育学教师和其他中小学教师都讲了很多，他们认为这堂课可以促使学生思考，提出的问题也能刺激学生的思维活动。

结论到底是什么呢？教师们在听了这节公开课和对这节公开课的分析后，能学到什么呢？

可以用几句话来概述结论："怎么给你演示的如何上课，你就怎么办！"

还能怎么样呢！可能，这就是对的。因为应该向好的榜样学习。

当然，学习是必须的。但是学习也有多种方式。并且结果也是不尽相同的。值得注意的是：在讨论这节课时，无论是教育学教师还是教学法专家都没有创造一些条件，以让大家真正认真地思考课堂上发生的情况。例如完全可以提出这样一个问题：整节课或这节课的个别部分，能否换一种更合适的上法呢？在这节课上，完全有足够的材料支撑来提出这个问题。教师给学生布置了许多题目，例题、应用题等，但在某些关键的问题上学生们并没有弄明白。教师提问下面这个问题时就存在这种情况："我想到了一个数。把这个数和 10 相加，和是 15。"学生解答这个问题时，有两种解答方法：15 − 10 = 5 和 10 + 5 = 15。"这究竟是怎么得出来的呢？"女教师问，她指的是用两种方法都能解答这同一道题目。学生回答："几个数的位置互换，不变。"

但是教师列举的这两种方法，并不是证明加法交换律的合适例证。当女教师挂出写有两个方程式（$x + 10 = 15$ 和 $10 + x = 15$）的纸时，她是想用纸上的内容说明加法交换律。但是这张写有方程式的纸，在这节课后面的内容中根本没有使用。当使用 15 − 10 = 5 这个方法时，那这个方法是与方程：$x + 10 = 15$（$x = 15 − 10$；$x = 5$）这个方程相对应的。因此，此时我们讲的是加法和减法之间关系的问题，而不是加法交换律的问题。这是因为没有将加法和减法之间的互逆关系与加法交换律这两者区分清楚。于是就造成学生头脑混乱。

我认为，分析这节课的时候不应该过分强调其中所犯的教育学错误。这样会打击教师的自信心。

但是如果保持沉默，对错误避而不谈，那么这既对思想已经混乱的学生有害，也对听课的教师有害。我们知道，在好学校讲公开课的教师，都是其他教师应该效法、模仿的榜样。当然，应该尽可能仔细认真地准备公开课。可是我们提到的这节公开课，教师准备的并不充分。例如，通常加法交换律应该这样表述："加数的位置交换，和不变"，但是课上教师讲的是："几个数的位置互换，结果不变"。教师可能是考虑到加法交换律的确切表述，对一年级学生来讲理解比较困难，所以使用了简化的表达法。但是从数学的角度看，这种简化犯了严重的错误，并且会导致学生曲解加法交换律。

我想回到我们之前谈过的问题上去，也就是说，非常重要的一点是：要为更深入地分析课堂教学方法创造条件。但是即使教师上课的一切都是正确的，也会产生一个问题：为什么认为课的这种进程是完全合适的？有什么依据认为课的这种进程是完全合适的？

在提高教师的业务水平方面，非常重要的是：将完成同一个教学任务或教育任务采取的不同的方法、方式进行对比。对比是刺激教师思维的一个有效手段，因为这样可以使教师能够更深入地理解所采用的教学方法、手段和方式的本质。如果对一节课只是肤浅地、匆匆地分析一下，那就很容易导致得出一些纯粹死板的公式。如果教师将教学法模板当成死板的公式，只是照抄照搬，而不理解为什么要这样做的道理，那这样的教学训练是收不到预期效果的。

但我并不是指在分析课的时候需要将所有的方面同一些其他的做法作对比。我们的任务是能够选出一些课或课的某一部分，然后借助这些课的材料，非常有说服力地让教师意识到：为什么某些教学方法、教学方式是合适的。即使是在分析一节非常"完美的"课的时候也可以用这个方法，可以将完美的课与教学法中已知的、不那么完美的方法作对比。在与正确的教学方法、方式对比的过程中，分析不合适的甚至是错误的教学方法、方式，可以达到上述目的。

在您所讲的关于这节课的分析中，很少听到如何运用教学法的知识，因此也就很难了解、评判学生的智力活动。

分析这节课时，教学法专家和教师都对这节课大加赞扬，因为这节课促使学生进行思考。这是他们尝试从心理学角度来论证这节课的优点。但是，也恰恰在这里暴露了课上非常笼统、非常表面化地运用心理学知识来分析教学过程的现象。因为"思考"这个词的意义非常广泛：两岁小孩子是思考，科学家也是思考。但是思维形式有多种多样。我们需要将哪怕是几种主要的思维方式区分开，从学生的学习活动中将它们分辨出来，这样我们就能从学生智力活动的方面对一节课进行评价，对个别的教学方法和方式进行评价。当教师要求找出一个"差一个单位到20"的数时，学生们一边思考，一边做题。但是这是一种非常特殊的思考方式：学生思考的是那些需要回想的。因为题中有"差一个单位到20"这句话，这样学生就会回想20之前的数，而不是20之后的。也就是说，课上被激发的那些思维因素，还是受到记忆的制约。他们看起来是围绕思维来活动的，但最主要的实际上是需要回想起需要的材料。若从这一点来看这节课的内容，那么很明显，这节课上记忆活动起主导作用。

那么有哪些类型的思维形式能够体现创造性特征呢？

那种所谓的推理性思维就是其中一种。例如，让儿童找出所观察到的差异的根源，就属于推理性思维。给儿童几行算式：$3+2=5$；$3+4=7$；$3+6=9$等。儿童会发现每下移一行，两个数字的和就要比上一行的和大2，并且还能发现下一行的第二个加数要比上一行的第二个加数大2。此时摆在学生们面前一个问题：为什么每一行的第二个加数比上一行的第二个加数大2时，这一行的和也比上一行大2？学生从已有的数字出发，发现所有行的第一个加数都相同（都是3），于是学生们据此做出一系列判断，形成一个判断的链条。借助进行的推理，学生能够独立找到问题的答案。此时，学生不是简单地回想起了之前已知的内容，并且通过完整链条的一系列连贯环节，找到了答案。

我们的谈话，对采取必要手段提高教师的业务水平方面，也是非常有益的。

在提高教师的业务水平方面有一系列总的任务。例如开阔教师文化视野就是其中一个。除此之外，属于总的问题的还有：采用最有效的方法来完成制定的教学任务。

现在，苏联正在进行大力提高教师业务水平的工作。各个共和国、边疆区、州、市的教师进修学院和各个区的教学研究室，形成了一个庞大的进修网。这些机构有计划地组织教师参加研讨会、教师代表会；还有各种综合的教学法联合会、针对中小学各科课程的教学法联合会；还有那些组织有序、目的明确的学校内部的教学法研究工作。我只是列举了提高教师业务水平的一些个别的、主要的形式。还有一系列其他的形式，并且还有一些形式是教师集体发起、倡导组织，并实施的。同时，也必须大力改善在提高教师业务水平方面的进修工作。在1972年6月20日苏共中央和苏联部长会议通过的关于学校的决议中就提到：要为教师顺利工作、系统提高教师业务水平创造必要的条件。

那在提高教师业务水平方面对每一个教师有什么要求呢？

您提出的问题非常迫切，但是问题组织上稍微有些模糊。当然，教师应该积极参加那些为提高教师业务水平而组织的活动，这是非常重要的。但是事情还有另一方面：教师个人的自我提高。这并不是指让教师脱离教师集体活动，自己一个人提高自身的业务水平。教师的自我提高应该从集体思想的源泉中汲取营养，而这些集体思想主要体现在研讨会、代表会、专题研究会等会议中。教师自己的思想、自己的问题、疑虑等都可以在会上提出，集体讨论。

而教育科学在提高教师业务水平方面有什么地位和作用呢？

教学论和某一学科的教学法在教学理论方面给教师指明方向，向教师提供教学方法和教学方式方面的建议。这一些已经全部教给教师了。但是，任务依然并不简单。任务的艰难之处在于，教师从教育科学中得到了武器，那如何正确地使用以取得最大的效果呢？

确实，这个问题并不简单。因为教师必须根据不同的实际情况，采取一定的方式来行动。可是实际情况与教师预想的情况相比，可能会有变化，并且不仅仅是在一整节课上有变化，可能在一节课的某一阶段都会发生变化。

完全正确！合理采取教育方法和教育方式的特点是具有灵活性，而灵活性要求教师能够随时正确估量当前的实际条件。

不应忽视的是，教学方法本身——不仅仅是教师工作的方法。教师采用这种方法，目的是唤起学生一定的脑力活动，即促使、引导学生对教材理解、分析，让学生思考、概括现象之间的联系，等等。在学生教育工作实施过程中，还要激发并按照一定的方向指导学生的道德情感、对伦理准则的理解和集体主义性格特征。这些所有的方面全班学生有许多共同点，同时每个学生也都有不少自己的特点。每个学生的行为举止、内心感受又会根据具体情况有多种多样的表现。

正如 A. C. 马卡连柯所讲，教学技巧的一个必要特征是随机应变的能力[1]。正是得益于这种品质，教师才可能避免死板不知变通的情况，才能估量此时实际情况的特点，才能找到合适的手段并正确使用。A. C. 马卡连柯首先指的是教育工作，他指出，学生的特点和影响学生的手段是极其多种多样的，而这些影响之间的差别又非常细腻。这一切就要求教育者能够准确快速定位，并采取相应的行动。

教学工作中的这种复杂性是可以理解的。但是在教学中，教育者采用了一定符合学科特点的教学方法、教学方式，并注意个别对待。课也是按照既定计划进行。那么在整节课期间，到底会出现什么细微的变化和转折呢？

变化和转折不仅完全可能出现，而且实际上经常发生。教师可能没有发觉这些变化，可能忽略甚至还可能压制了它们。这可能会对学生的教育和教学效果产生不利影响。但也存在另一种可能性：教师不仅能够察觉意外情况的出现，并且还能运用这些意外情况达到他的教育和教学目的。

在教育学著作中强调指出：教师善于发掘整节课过程中发生的独特、细微的环境变化，并采取相应方式应对，教师的这种能力具有非常重要的意义。

请大家再回想一下我们之前谈到的公开课。女教师制订了计划，并且即使课上的实际进程要求教师针对进程做出相应改变，但是她依然没能脱离制订的计划。这节课已经不是只有那种细微的差别了，而是坚决要求摆脱既

---

[1] A. C. 马卡连柯：《关于我的实验·教学实验的几点结论》，莫斯科：教育出版社，1964 年版。

定计划。本应该放弃掉一些题目，然后改变剩余的题目，以让学生分清加法交换律与加减法联系这两者之间的区别。但是教师忽略了实际课堂进程的这一要求，完全被之前的计划束缚，也就导致这节课比较失败。

那教师自己是否可以通过自修来掌握教学技巧呢？

当然可以。在师范院校培养教师的过程中，就应该培养这种技巧。教师还能通过参加研讨会、经验交流会，听公开课学到许多东西。但是若这样比喻：对课堂，像对"天气"变化的敏感性一样，深入了解学生的精神世界，根据具体实际情况采取相应的教学方法、教学方式等——这些都主要靠教师自己的实践经验来获得。

很自然地就出现了这样一种思想：如果想让自身经验在教师的不断成长中起到积极作用，那就应该对这种经验进行仔细认真分析。

当然！有时候是由别人进行分析的。例如，校长、教导主任、教学法专家、其他教师等在听了这位教师的公开课之后进行分析。同时，教师自己分析自身的教学经验，会带来非常大的收获。

对那些坚持不懈、深入钻研分析自己工作的教师，则教给他们完善教学实践的途径。其中有一条有很重要作用的途径：选择那些能够带来重大成效的教学方法和教学方式。

我不止一次在教育学著作中看到"教育技术"这个术语。据我理解，这个术语指的是掌握多种多样的教育方法、了解每一种方法的特点，并且能够正确运用这些方法。

工作技术是可以通过教师顽强地劳动取得的。A.C.马卡连柯在分析教育工作的技术时指出，他是在学会用15~20个语调说"过来"这句话，在学会用面部、身体躯干、声音方面表达20种不同的细微差别之后，才成为一名教学能手的[①]。

[①] A.C.马卡连柯，《关于我的实验·教学实验的几点结论》，莫斯科：教育出版社，1964年版。

遗憾的是，经常出现下面这些情况：批评、威胁、"两分"等无缘无故就落到了学生身上。例如，教师心情不好的时候来上课：要么是因为睡眠不足，要么是身体不舒服，要么是家里出了什么不愉快的事情。如果用形象一点的表达就是：教师的神经本来就已经像琴弦一样紧绷了，只要稍微触动就会引起激烈的反应。这些情况下，教师的行为就不符合教育学准则。可这能怎么办呢？因为教师也是人啊！他怎么才能摆脱坏心情，变成好心情呢？

的确，教师是人，但是同时他也是一名教师。教师这个职业对人的要求很多，其中一条就是能够自制。

我想起了 K. C. 斯坦尼斯拉夫斯基针对演员工作中的类似情况所说的话。斯坦尼斯拉夫斯基用形象的方式表达了自己的思想：一个人回到家，他会把套鞋脱在室外的过道；演员来到剧院，需要把自己个人的伤心、痛苦留在剧院外；在这里，在剧院，他整个人都只属于艺术。教师也是这样的：来到学校，他整个人都是属于学生，是属于教育和教学事业的。

可是如果教师没有自制力怎么办？

有一系列技术方法，帮助教师控制自己。下面我举例说明。教师正在讲解的时候，学生打开了他面前的书。但此时本不应该打开书的，教师顿时就有了脾气，将学生大声责骂了一番。课后，我给教师提了一个意见："在责骂学生之前，请先沉默几秒钟，并想一下：你是一名教师。这会帮助你压抑自己心中将要发作的怒火，转而心平气和地和学生讲话。"

怎样，您的建议有帮助吗？

那个教师说，起初她还是控制不了她自己，但很快就可以了。

教师不能自制，给教学工作带来了多大的危害啊！

您说得对！例如，可以设想一下有一个小孩子。他可能有哪个地方没懂，或者遗漏了什么——然后教师就对他不满、叫喊、威胁等。许多教师对儿童所犯的错误都会采取这种态度，日后这些会使儿童感到委屈、屈辱，会造成儿童的恐惧心理，生怕自己又做错了什么。如果教师走到学生面前，发现学生的脸上显现出恐惧的表情，这就说明事情不妙。恐惧心理会使人失去正常的心理活动：知觉、记忆、思维、言语。学生在正常状态下本来能够完全正确地回答问题，但是在恐惧状态时，就会惊慌失措，变得愚钝：即使他知道那些知识，但是一句话也说不出来，或者说得语无伦次。

我可以很肯定地说，教师的这种行为，与他不了解学生是有关系的。他对教育的理解也很肤浅。在他看来，教学就是教给学生一定的知识，训练学生一定的技能和技巧。他的眼中看不到他的学生的精神成长。但是，精神成长和掌握知识并不是一回事啊。在我们之前的一次谈话中，我们专门讨论过掌握知识和发展之间的相互关系。

对教育有正确理解，是推动教师不断探索的源泉：无论是在教学方法上，还是在某一学科的教学法体系中，并不是一切都让他非常满意。教师深入思考自己的经验，同时也仔细观察学生，然后他会意识到：他可以做得更多、做得更好。

教师的劳动很复杂，这些劳动也要求教师付出大量的精力。因此，也许应该认为：教师按照教科书和学科教学法的参考书规定的模板来工作，是很自然的事情。

不！一千个不！我一生和许多教师同心协力地工作。可以说，每个教师（当然，有个别例外）都会有一种创造性地对待自己工作的思想火花。在有些教师身上，这些火花熊熊燃烧，然后就造就了一名作出自己独特贡献的教师，他在工作上充满了灵感，并且也取得了极好的成绩。而在其他一些教师身上，火花却奄奄一息，就要熄灭了。

虽然在提高教师业务水平体系中有许多好的方面，但其中也有许多缺点和不足。针对教师科学理解教育教学过程、了解儿童方面的训练，真的是太少了，同时质量也很差。但在重复讲述教学大纲、制订计划方面却花费了大量的时间，并且经常只是简单地向教师口述工作计划和教学法知识，而不是对教育教学方法进行讨论。这些在提高教师业务水平方面的缺点对提高教师的创造性没有丝毫帮助，反而会使教师疏于思考，习惯接受现成的教学方法。

您说得有些过火。许多事情都是靠教师自己的：取决于他是否有坚定的目的、坚持不懈的精神和对他自己服务事业的忠诚。不该把所有的错误都推到教师进修工作和整个教师工作的缺点上去。

但是也不应该为那些不能促进教师身上的创造性火花迸发的人找理由，也不能为他们辩解。

看来，您高估了教师的可能性。

没有！我完全没有高估。我可以举一些实例。例如低年级过渡到新教学大纲之前那段时期的情况。我知道如何根据教育发展实验室制定的教学论体系，开展实验教学。下面是一位校长和教导主任所写的，关于他们学校实验班女教师的工作情况："在这个实验班的工作中遇到的困难，比之前预料的多。首先无论是女教师还是学校领导，都缺乏按照实验体系进行教学的经验。这位女教师凭借她的努力、对学生的信心、对学生创造可能性的信心，克服了这个困难。一年年过去了（到了第三学年），这个班越来越引起周围人们的注意。学校的教师开始到这个班听课，然后开始学习其中有价值的内容，然后拿到自己班上用。现在我校低年级的教师在工作中，热情饱满，充满了创造性。很有可能都是来源于实验班教师的经验。这位女教师对学生进行了大量的工作，应该得到最高的表扬和鼓励。"

我没有机会按照实验体系教学生。但是我可以想象得到，实验班教师们付出了多少创造性劳动。因为既要按照与之前不同的方式上课，又要筛选合适的上课材料。

我觉得，阿尔泰边疆区一些学校实验班教师的话，可以有力地证明您所说的话。一位女教师说："小学教育的实验体系不仅使学生，而且也使我们这些教师更加有干劲了。这是非常有必要的：因为我们成长在苏维埃政权的年代，现在需要背负更沉重的任务，更需要多动脑筋。我也不能再按照那些老办法工作。"另一位女教师说："我承认，以前那些科普杂志我看都不看的，而现在我经常系统地读这些杂志，否则学生们的问题我都回答不了了。我甚至都开始学习天文学了，因为我的学生们对观察星空非常感兴趣。说实话，我现在在自我进修上花的功夫，比我之前 17 年在学校从事教学花的全部功夫都要多。"第三位女教师讲："准备课堂内容和准备课外活动的过程中，搜集资料占据非常重要的地位。例如，我编一本包含有趣事实的画册，搜集了 400 条谜语和谚语，130 个地理和自然知识问答题，许多'脑筋急转弯'习题等。"

这些话在实验班教师中是很有代表性的。我们必须转向一条新的道路，并且要维护这一条道路，不害怕那些怀疑论者的攻击和刁难。我们必须为课堂教学挑选新的材料，寻找与实验体系教学论原则相适应的教学方法、途径。虽然面临着巨大的困难，但是教师们依然坚持工作，异口同声地说，他们在自己从事教学活动过程中还从未感到过如此满足。

也可能这种热情只是刚开始一阵子才有，之后教师们很可能会脱离这条新途径吧？

但事实并非如此。实验班的教师们带领学生，教完整个小学阶段。然后又自愿从一年级开始教，并且依旧是按照同一个实验体系工作。

还应该补充一点，实验教学普遍引起教师界很大的兴趣。许多学校派教师到实验班听课，学习新的教学方法。大家进行热烈的交谈，而有时是激烈的争论。总之，在低年级教师中引起了一场运动。这难道不是恰好证明了：每一位教师都有一种创造性工作态度的火苗吗？

人们经常谈论教师的创造性，将教师的创造性写下来，并且还拿自己的发现作例子。这自然很好，但是创造性绝不只是仅仅局限在某些个别的有关教学法的发现上。创造性，是一种不断向前的志向，追求完美、向着新事物前进的志向，并且也会实现这种志向。"明天一定要做得比今天更好。"——这是一位进行创造性工作的教师的座右铭。

参考文献

1

Н．К．克鲁普斯卡娅：《儿童的书——社会主义教育的强大武器》，莫斯科：教育出版社，1968年版。

Л．В．赞科夫：《一年级数学教材》，莫斯科：教育出版社，1965年版。

Н．С．罗日杰斯特文斯基：《小学俄语教学法原理》，莫斯科：教育出版社，1965年版。

А．С．普乔柯：《小学数学教学法原理》，莫斯科：教育出版社，1965年版。

З．И．罗曼诺夫斯卡娅、А．П．罗曼诺夫斯基：《口语（二年级阅读用书）》，莫斯科：教育出版社，1970年版。

М．А．丹尼洛夫：《苏联中小学学校教育历程》，莫斯科：国家教育出版社，1960年版。

2

А．С．马卡连柯：《儿童教育讲座》合集，第5卷，莫斯科：俄罗斯联邦教育科学院出版社，1957年版。

Ф．Н．戈诺鲍林：《关于教师的书》，莫斯科：教育出版社，1965年版。

3

Б. Г. 安纳尼耶夫：《教育评价心理学》，1935 年版。

Е. И. 彼特洛夫斯基：《中学生知识检验》，莫斯科：俄罗斯联邦教育科学院出版社，1960 年版。

Б. П. 叶希波夫：《教学法原理》，莫斯科：教育出版社，1967 年版。

Л. Н. 托尔斯泰：《教育文集》，第 2 版，莫斯科：教育书籍出版社，1953 年版。

4

Е. И. 鲁德涅娃：《Н. К. 克鲁普斯卡娅的教育学体系》，莫斯科：莫斯科大学出版社，1968 年版。

Н. 涅柳宾、А. 卢什尼科夫：《形成学生的世界观》，载《人民教育》1965 年第 10 期。

Л. В. 赞科夫：《直观性和学生在教育过程中的积极化》，莫斯科：国家教育出版社，1960 年版。

5

К. Д. 乌申斯基：《教育人类学》第 3 卷补充材料，文集，第 10 卷，莫斯科：俄罗斯联邦教育科学院出版社，1950 年版。

А. А. 斯米尔诺夫：《心理记忆问题》，莫斯科：教育出版社，1966 年版。

П. И. 任琴柯：《无意识记忆》，莫斯科：俄罗斯联邦教育科学院出版社，1961 年版。

А. В. 波利科娃：《俄语（一年级教科书）》，莫斯科：教育出版社，1965 年版。

А. В. 波利科娃：《俄语（二年级教科书）》，莫斯科：教育出版社，

1966年版。

А. В. 波利科娃：《俄语（三年级教科书）》，莫斯科：教育出版社，1967年版。

И. И. 阿尔金斯卡娅：《二年级数学教科书》，莫斯科：教育出版社，1966年版。

И. И. 阿尔金斯卡娅：《三年级数学教科书》，莫斯科：教育出版社，1967年版。

Л. В. 赞科夫：《掌握知识与学生的发展》，载《科学教育》1967年第9期附录。

6

Т. Н. 巴尔科娃、Е. В. 古里扬诺夫、О. С. 卡兰杰耶娃：《小学生手工劳动课中技能和技巧的养成》，莫斯科：俄罗斯联邦教育科学院出版社，1957年版。

Л. В. 赞科夫：《小学教育新体系（一年级）》，莫斯科：教育出版社，1965年版。

Л. В. 赞科夫：《小学教育新体系（二年级）》，莫斯科：教育出版社，1966年版。

7

Н. К. 克鲁普斯卡娅：《怎样给学生讲述列宁和应该讲些什么》，文章合集，第3卷，莫斯科：俄罗斯联邦教育科学院出版社，1950年版。

Е. И. 鲁德涅娃：《Н. К. 克鲁普斯卡娅的教育学体系》，莫斯科：莫斯科大学出版社，1968年版。

《回忆列宁》，莫斯科：俄罗斯联邦教育科学院出版社，1963年版。

Н. К. 克鲁普斯卡娅：《信》合集，第11卷，莫斯科：俄罗斯联邦教育科学院出版社，1963 年版。

Т. Л. 别尔克曼、К. С. 格里辛科：《唱歌教学过程中学生的音乐发展》，莫斯科：俄罗斯联邦教育科学院出版社，1961 年版。

8

查尔斯·达尔文：《我的智力和性格发展的回忆录（自传）》，《工作和生活日记》，莫斯科：苏联科学出版社，1957 年版。

Л. В. 赞科夫：《学生在教学过程中的发展（一－二年级）》，莫斯科：俄罗斯联邦教育科学院出版社，1963 年版。

Л. В. 赞科夫：《学生在教学过程中的发展（三－四年级）》，莫斯科：俄罗斯联邦教育科学院出版社，1967 年版。

9

Л. В. 赞科夫：《小学生在教学过程中的发展》，载《小学》1958 年第 7 期。

Л. В. 赞科夫：《论小学教学》，莫斯科：俄罗斯联邦教育科学院出版社，1963 年版。

Л. В. 赞科夫：《一年级数学教材》，莫斯科：教育出版社，1965 年版。

Л. В. 赞科夫：《教学法与生活》，莫斯科：教育出版社，1968 年版。

И. П. 巴甫洛夫：《动物高级神经活动（行为）客观研究 20 年经验》，3 卷本，第 2 卷，莫斯科：苏联科学出版社，1951 年版。

М. Л. 扎伊采娃：《强化教育对小学适龄儿童的大脑皮层神经活动基本过程的影响》，载《第十六届俄罗斯联邦南部地区生理学科学会议资料》，奥尔忠尼启则，1967 年版。

З. И. 罗曼诺夫斯卡娅、А. П. 罗曼诺夫斯基：《口语（一年级阅读用书）》，莫斯科：教育出版社，1970 年版。

З. И. 罗曼诺夫斯卡娅、А. П. 罗曼诺夫斯基：《口语（二年级阅读用书）》，莫斯科：教育出版社，1966年版。

З. И. 罗曼诺夫斯卡娅、А. П. 罗曼诺夫斯基：《口语（三年级阅读用书）》，莫斯科：教育出版社，1967年版。

Л. В. 赞科夫：《教学教育新体系（一年级）》，莫斯科：教育出版社，1965年版。

Л. В. 赞科夫：《教学教育新体系（二年级）》，莫斯科：教育出版社，1965年版。

Л. В. 赞科夫：《教学教育新体系（三年级）》，莫斯科：教育出版社，1965年版。

10

М. А. 丹尼洛夫、Б. П. 叶希波夫：《教学论》，莫斯科：俄罗斯联邦教育科学院，1967年版。

М. А. 丹尼洛夫：《教学论基础》，莫斯科：教育出版社，1967年版。

Л. В. 赞科夫：《掌握知识与学生发展之间的关系》，载《掌握知识与小学生的发展》文集，莫斯科：教育出版社，1965年版。

А. В. 波利科娃：《俄语知识和技巧分析》，载《掌握知识与小学生的发展》文集，莫斯科：教育出版社，1965年版。

Н. Я. 楚特科：《关于掌握历史知识》，载《掌握知识与小学生的发展》文集，莫斯科：教育出版社，1965年版。

11

А. С. 马卡连柯：《教学实验的几点结论》文集，第5卷，莫斯科：俄罗斯联邦教育科学院出版社，1958年版。

А. С. 马卡连柯：《关于我的实验·教学实验的几点结论》，莫斯科：教育出版社，1964 年版。

Ф. Н. 戈诺鲍林：《关于教师的书》，莫斯科：教育出版社，1965 年版。

Л. В. 赞科夫：《关于教师对学生的研究》，载《小学》1959 年第 7 期。